Jörg Ehrnsberger

RATZFATZ DaZ

50 schnelle und unkomplizierte DaZ-Übungen

Sprachförderung für nicht alphabetisierte Kinder von 6 bis 10 Jahren

Verlag an der Ruhr

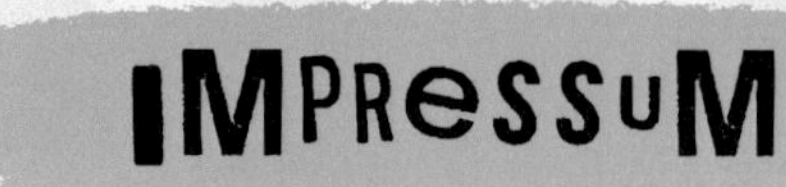

Titel
Ratzfatz DaZ – 50 schnelle und unkomplizierte DaZ-Übungen
Sprachförderung für nicht alphabetisierte Kinder von 6 bis 10 Jahren

Autor
Jörg Ehrnsberger

Musikaufnahmen im Download
Bastian Schmitt

Umschlagmotiv/Motive im Innenteil
Dachse © Lexi Claus, Spur © Vector Tradition – beide Shutterstock.com,
Noten (S. 103–107) © mhatzapa – stock.adobe.com
Illustrationen/Handzeichen (S. 110–119): Dorothee Wolters

Druck
Heenemann GmbH & Co. KG, Berlin, DE

Verlag an der Ruhr
Mülheim an der Ruhr
www.verlagruhr.de

Geeignet für die Klassen 1–4

ISBN 978-3-8346-6651-2

INHALT

VORWORT

Liebe Kolleginnen und Kollegen,

als ich das erste Mal vor einer Basisklasse stand, so heißen die Lerngruppen für nicht alphabetisierte Kinder hier in Hamburg, wurde ich herzlich begrüßt - nur verstand ich kein einziges Wort. Den Kindern wird es ähnlich gegangen sein, viele waren erst wenige Wochen in Deutschland und konnten bestenfalls „Hallo", „Auf Wiedersehen" und „Wer bist du?" sagen. So blieb uns nichts anderes übrig, als uns mit Händen und Füßen zu verständigen, denn all die Apps zur Live-Übersetzung gab es vor ein paar Jahren noch nicht. Toll, dachte ich, dann fangen wir einfach bei null an und arbeiten uns Schritt für Schritt vorwärts. Doch schnell merkte ich, dass die Kinder, die ich hier traf, zwar als verbindendes Merkmal gemeinsam hatten, dass sie nicht Deutsch lesen und schreiben konnten. Ansonsten konnten sie unterschiedlicher nicht sein. Einige konnten ansonsten drei Sprachen fließend sprechen, darunter Englisch, was die Verständigung natürlich erleichterte. Andere Kinder hatten noch nie eine Schule besucht und waren selbst in ihrer Muttersprache Analphabeten, ebenso wie ihre Eltern. Einige Kinder lebten in sehr beengten Verhältnissen mit großer Sorge um zurückgelassene Familienmitglieder, andere hatten das Glück, mit der ganzen Familie hier zu sein und schnell eine vernünftige Unterkunft zu finden. So wurde mir klar, dass die Übungen für diese Kinder sehr differenziert sein müssten – was aber umgekehrt bei dieser Bandbreite an Ausgangslagen nahezu unmöglich war.
Die Lösung bestand also darin, die Übungen so zu gestalten, dass die Kinder sie in der Anwendung für sich selbst differenzieren können. So können die Lernenden selbst bestimmen, was sie aus der Aufgabe herausholen wollen oder können. Deshalb sind alle Übungen so konzipiert, dass sie auf unterschiedlichen Niveaus bearbeitet werden können.
Außerdem sollen alle Übungen Spaß machen und möglichst alle Lerntypen ansprechen. Die Übungen sollen Sprache und Alphabet im wahrsten Sinne des Wortes greifbar und begreifbar machen.

Ein Modell, das ich verwende, um die Übungen in Gruppen einzuführen, in denen eine sprachliche Verständigung nicht oder kaum möglich ist, ist das „Gradual Release of Responsibility Model" (GRR)[1]:

[1] vgl. Pearson, P. D.; Gallagher, M. (October 1983). „The Instruction of Reading Comprehension"

- → In der ersten Phase „I do" macht die Lehrkraft die Übung vor, zeigt, wie es geht, worauf zu achten ist, gibt Beispiele.
- → In der nächsten Phase „we do" machen die Kinder und die Lehrkraft die Übung gemeinsam oder die Kinder helfen sich gegenseitig und führen die Übung mit Unterstützung oder kleinen Korrekturen durch.
- → In der dritten Phase „you do" sind die Kinder dann in der Lage, die Aufgabe selbstständig auszuführen. Gerade am Anfang, wenn die sprachliche Verständigung noch nicht gegeben ist, ist es sehr wichtig, was und wie die Lehrkraft zeigt, anleitet und vormacht.

Wichtig ist auch, dass die Übungen so gestaltet sind, dass sie nicht nur einmal, sondern immer und immer wieder durchgeführt werden. Diese Art von Übungen sind den Kindern zunächst fremd, da sie – selbst wenn sie eine Schule besucht haben – offene und selbstbestimmte Lernformen meist nicht kennen und nicht gewohnt sind. Viele Kinder kennen eher den klassischen Frontalunterricht und Tests, in denen auswendig gelerntes Wissen punktgenau abgefragt wird. Manchmal sind die Kinder deshalb am Anfang verunsichert oder fragen, wann wir denn jetzt richtig lernen.
Achten Sie deshalb darauf, die Übungen nicht überzustrapazieren. Wenn eine Übung nicht klappt, machen Sie eine andere. Ich selbst mache immer wieder die Erfahrung, dass eine Übung, die an einem Tag oder in einer Lerngruppe super funktioniert hat, an einem anderen Tag oder in einer anderen Lerngruppe gar nicht funktioniert.
Machen Sie die Übung an einem anderen Tag noch einmal und lassen Sie sich überraschen. Wenn Sie bestimmte Übungen regelmäßig wiederholen, können Sie auch gemeinsam mit den Kindern notieren, wie weit ein Kind gekommen ist oder wie lange es für die Übung gebraucht hat. So können Sie den Kindern wie nebenbei ihren Lernfortschritt zeigen.
Gerade das Sichtbarmachen der eigenen Lernfortschritte ist für manche unserer Kinder viel wichtiger, als wir denken. Ich hatte einmal eine Gruppe von Kindern, die bei jeder Herausforderung mit den Schultern zuckten und in ihrer Sprache sagten: „Das kann ich nicht." Und damit war das Thema erledigt. Jeder Versuch, sich der Aufgabe zu nähern, erschien ihnen überflüssig, ja geradezu unsinnig, wie sie mir einmal mit einer Übersetzerin erklärten. Sie

wüssten selbst, wenn sie etwas nicht könnten. Wozu Zeit verschwenden? Ich solle ihnen lieber Aufgaben geben, die sie können, sie wollten ja mitarbeiten. Gerade bei Kindern mit weniger Schulerfahrung kommt dieses Konzept des „Fixed mindset" häufiger vor: So bin ich halt, das kann ich nicht, das ist einfach so.
Das Gegenstück dazu ist das „Growth mindset": Ich habe es in der Hand, ich kann Dinge beeinflussen und verändern. Wenn wir den Kindern also zeigen können, dass sie durchaus besser werden, wenn sie eine Übung öfter machen, haben wir einen guten Zugriff, um vom „Fixed mindset" zum „Growth mindset" zu kommen.
Die Psychologin Katrin Hille hat diese Begriffe so ins Deutsche übersetzt: „Ich-bin-so"-Überzeugung und „Ich-hab's-in-der-Hand"-Überzeugung.[2] Deshalb hängen in unserem Klassenzimmer Plakate in verschiedenen Sprachen, auf denen steht: „Vielleicht kann ich es heute noch nicht. Aber ich habe in der Hand, was ich morgen kann."

Kurzum: Ich freue mich, dass Sie dieses Buch in den Händen halten, denn Alphabetisierungskurse machen Spaß! Aus eigener Erfahrung weiß ich aber auch, dass es gerade am Anfang herausfordernde Momente geben kann.

Deshalb habe ich dieses Buch für Sie geschrieben und Übungen zusammengestellt, die ich im Laufe der Jahre entwickelt und gesammelt habe. Fast alle Übungen funktionieren ganz ohne Material und ohne lange Vorbereitung. Denn ich habe auch die Erfahrung gemacht: Je kleiner der Vorbereitungsaufwand, desto öfter werden die Übungen auch eingesetzt. Wo Vorlagen benötigt werden, können diese einfach heruntergeladen, ggf. bearbeitet und dann kopiert werden.
Es sind alles Übungen, die nicht nur einmal, sondern immer wieder eingesetzt werden können. Sie sind erprobt und bringen Spaß in den Unterricht. Die Übungen sind so aufgebaut, dass alle Kinder beteiligt sind, also alle gleichzeitig aktiv sind und kein Kind nur zugucken oder abwarten muss.
Die Übungen sind so konzipiert, dass sie nach Möglichkeit im Klassenraum stattfinden können.
Suchen Sie sich eine Übung aus und probieren Sie sie aus!

[2] vgl. Jörg Ehrnsberger, Katrin Hille (2017): Ein Blick in die Schule und zwei dahinter – Geschichten aus dem Schulalltag – wissenschaftlich erklärt. Hep Verlag, Bern

Aufbau der Kapitel

1. Rituale für den Start in den Unterricht

Klassen, in denen Kinder alphabetisiert werden, sind von häufigem Wechsel und einer hohen sozialen Dynamik geprägt. Für einige Kinder ist es zudem der erste Schulbesuch überhaupt, selbst wenn sie schon älter sind. Sie müssen also neben Sprechen, Lesen und Schreiben auch das Lernen lernen.
Die folgenden Übungen können nicht nur zu Beginn einer Unterrichtsstunde eingesetzt werden, um den Kindern zu helfen, anzukommen und sich als Gruppe wahrzunehmen. Sie können auch gut eingesetzt werden, wenn es einen Phasenwechsel in der Stunde gibt oder die Gruppe eine kurze Konzentrationsphase braucht. Die Übungen funktionieren am besten, wenn sie regelmäßig und ritualisiert eingesetzt werden, denn dann wissen die Kinder gleich, was zu tun ist. Investieren Sie also am Anfang ruhig etwas Zeit, um die Kinder mit den Übungen vertraut zu machen – diese Zeit sparen Sie später doppelt. Setzen Sie die Übungen spielerisch ein, die Kinder sollen Spaß daran haben. Wenn die Übung am Anfang nicht gleich funktioniert, ist das normal. Machen Sie die Übung am nächsten Tag einfach noch einmal und lieber kürzer als länger. Wenn die Kinder die Übung verstanden und verinnerlicht haben, werden sie von selbst zeigen, wie lange sie die Übung machen wollen. Ziel dieser Übungen ist, die Grundlage für das Lernen zu üben, wie Konzentrationsfähigkeit, Teamwork und Ausdauer.

2. Buchstaben erkennen

Dieses Kapitel soll die Kinder dazu anregen, die Buchstaben zu entdecken. Bevor sie die Buchstaben schreiben lernen, können sie entdecken, wie sie aussehen. In vielen Übungen verlassen wir das Klassenzimmer und suchen die Buchstaben dort, wo wir sie auch später im Leben jenseits der Arbeitsblätter finden: auf der Straße, in der Zeitung oder auf dem Rücken der Klassenkameradinnen und -kameraden. Es geht noch nicht darum, die Buchstaben vollständig zu beherrschen, sondern sie zu erkennen, wiederzuerkennen und zu benennen.

3. Buchstaben schreiben

In diesem Kapitel geht es um die Struktur der Buchstaben. Nachdem die Kinder im vorherigen Kapitel gelernt haben, wie Buchstaben aussehen, geht es nun darum, Buchstaben selbst herzustellen. Buchstaben werden gebastelt, aus Teig hergestellt, gespritzt oder mit Wasser an die Wand getupft. Die Kinder sollen verstehen, wie Buchstaben aufgebaut sind, in welchem Verhältnis die einzelnen Striche zueinander stehen. Die Kinder sollen sich hier die Buchstaben erschließen, um sie später üben zu können.

4. ABC lernen

Nachdem die Kinder in den vorangegangenen Kapiteln das Aussehen und den Aufbau der Buchstaben kennengelernt haben, geht es nun darum, die Reihenfolge des Alphabets zu erlernen. Die Reihenfolge des Alphabets ist aber kein Selbstzweck. Es geht mehr darum, sich mit den Buchstaben weiter vertraut zu machen, auch mit den Lauten der Buchstaben, die benannt werden sollen. In diesem Kapitel werden daher die in den vorhergehenden Kapiteln erworbenen Kompetenzen genutzt, um die Buchstaben weiter anzuwenden und zu festigen.

5. Erste Übungen zum Wortschatz

Neben der Alphabetisierung ist das Anbahnen eines ersten Wortschatzes Ziel des Lernens in den ersten Lerngruppen. Dieses Kapitel gibt Ideen, wie ein solcher Wortschatz aus dem unmittelbaren Umfeld der Kinder eingeführt und gefestigt werden kann. In spielerischen Übungen mit Bezug auf das jeweilige Wortfeld kann ein erster Wortschatz eingeführt werden.

6. Hör- und Sprechübungen

Neben dem Anbahnen eines Wortschatzes geht es in diesem Kapitel auch darum, die Kinder an das genaue Hören und Sprechen heranzuführen. Es werden Übungen vorgestellt, die sehr einfache – zum Teil geführte – Hör- und Sprechanlässe bieten, die sich aber dann mit einem Fortschritt der Gruppe steigern lassen, bis sie immer anspruchsvoller werden.

7. Einfache Lieder zum Mitsingen

Eine besonders schöne Möglichkeit, eine Sprache zu erlernen, bietet sich durch Musik und Gesang. Über Lieder und Rhythmen finden Kinder einen spielerischen Zugang zur Sprache. Singen macht viel mehr Spaß, als einfach nur Vokabeln auswendig zu lernen. Beim Singen erleben sie die Sprachmelodie, die sie auch in der deutschen Sprache wiederfinden. Beim Singen haben die Kinder auch einen semantischen Zusammenhang im Kopf, den sie mit der Musik verbinden können.
Melodie und Rhythmus helfen, die Aussprache und Betonung der Wörter zu verinnerlichen. Durch das Singen der Texte können Kinder ihren Wortschatz erweitern und grammatikalische Strukturen besser verstehen, während sie sich gleichzeitig in einer positiven Lernumgebung befinden, die Motivation und Spaß bietet.
Durch die Lieder lernen die Kinder nicht nur Deutsch, sondern erleben auch Freude und Begeisterung am Erlernen einer neuen Sprache.
Wichtig ist, dass die Lieder – wie auch die anderen Übungen – langsam eingeführt und immer wieder geübt werden, gerade am Anfang, wenn die Kinder noch sehr wenig Deutsch verstehen. Die Lieder sind im Download einmal als komplettes Lied mit Gesang aufgenommen. So können die Kinder das Lied kennenlernen und zum Text mitsingen. Dann gibt es die Lieder in instrumentaler Version, hier können die Kinder selbst singen, wenn sie schon etwas textsicherer sind. Außerdem finden Sie die Lieder mit Noten und Akkorden notiert, sodass sie auch auf einem Instrument in der Klasse gespielt werden können.

8. Handzeichen

In der Arbeit mit Kindern, die die deutsche Sprache noch gar nicht beherrschen, hat es sich bewährt, Handzeichen einzuführen, mit denen sich die Kinder schnell über ihre wichtigsten Anliegen verständigen können. Umgekehrt ist es auch für die Lehrkraft eine große Entlastung, wenn sie selbst schnell und ohne Sprache die Anliegen der Kinder verstehen oder ihnen eine

Anweisung nur mit einem Handzeichen mitteilen kann. Sicherlich bedarf es zu Beginn eines gewissen Aufwands, um die Handzeichen – oder anfangs eine Auswahl – einzuführen und zu festigen. Im späteren Unterricht wird diese Zeit aber mehr als wettgemacht und Konflikte werden vermieden, wenn die Kommunikation besser gelingt.
Sie können die Handzeichen ausdrucken und aufhängen oder mit dem Spiel „Richtig oder falsch?" einführen und üben. Je öfter und konsequenter Sie die Handzeichen einsetzen und einfordern, desto schneller werden die Kinder sie lernen und von sich aus anwenden.

TIPP

Alle Handzeichen befinden sich auch noch einmal zum direkten Ausdruck im Downloadbereich als PDF unter **M15**.

Download-Übersicht

- * **M 1** Lied: „Bruder Jakob" *(mp3 & PDF)*
- * **M 2** Suchbilder *(PDF)*
- * **M 3** Miau, Wuff, Quak: Tierbilder *(PDF)*
- * **M 4** Buchstaben-Pärchen suchen - Set 1 *(PDF)*
- * **M 4** Buchstaben-Pärchen suchen - Set 2 *(PDF)*
- * **M 5** Buchstabenbingo *(Word-Datei)*
- * **M 6** Buchstaben-Rallye *(PDF)*
- * **M 7** Buchstabentabelle *(PDF)*
- * **M 8** Vertauschte und fehlende Buchstaben *(PDF)*
- * **M 9** Buchstaben A bis Z *(PDF)*
- * **M 10** Farben finden *(PDF)*
- * **M 11** Lied „Wir kommen von fern und nah" *(mp3 & PDF)*
- * **M 12** Lied „A wie Apfel, B wie Ball" *(mp3 & PDF)*
- * **M 13** Lied „Kopf, Schulter, Knie und Fuß" *(mp3 & PDF)*
- * **M 14** Lied „Das ABC Lied" *(mp3 & PDF)*
- * **M 15** Handzeichen *(PDF)*

Ihr persönlicher Zugang:
Alle im Download enthaltenen Dateien, sowohl die Lieder als MP3-Datei als auch die weiteren Vorlagen (als Word- oder PDF-Datei), können Sie unter folgendem Link oder über das Einscannen des QR-Codes herunterladen:

https://cloud.verlagruhr.de/lerninhalt/Y6AaJCiPxPDq/
Passwort: Ratzfatz_DaZ

Sollten der Link und der QR-Code ihre Gültigkeit verlieren, wenden Sie sich bitte an digitaleslernen@verlagruhr.de

1.

Rituale für den Start in den Unterricht

Klatschen am Morgen

Ziel: gemeinsames Tun und Fokussieren, einander wahrnehmen und unterstützen, Reaktionsschnelligkeit

Ort: im Klassenraum hinter den eigenen Stühlen am Platz

Material: ggf. Taktel

Dauer: 2–3 Minuten

Ablauf

Bleiben Sie nach der Begrüßung stehen und fordern Sie die Kinder auch auf, stehen zu bleiben.
Während der Übung wird nicht gesprochen, die Kinder erfassen die Übung durch Beobachten und Mitmachen.

1. Klatschen Sie einen einfachen Rhythmus, welchen die Kinder beobachten und direkt nachmachen.
2. Wenn alle Kinder richtig mitmachen, kommt etwas dazu – z. B. ein zweites Klatschen oder Stampfen mit dem Fuß. Dieses zweite Geräusch müssen die Lernenden nun wieder durch reines Beobachten und Mitmachen integrieren.
3. Wenn es wieder allen gelingt, das Klatschen genau nachzumachen, kommt ein weiteres Geräusch hinzu, z. B. ein Schnipsen mit den Fingern.
4. Die Übung ist beendet, wenn alle Kinder den Rhythmus (so genau wie möglich) für ca. 20 Sekunden gemeinsam mitmachen.
   Wenn es den Kindern sehr schwer fällt, kann man zu Anfang auch laut mitzählen: 1 – 2 – 3 – 4.

Vorschläge für Klatschabfolgen

(X = nicht klatschen)

Einfach:
1. Klatschen – X – Klatschen – X
2. Klatschen – Klatschen – Klatschen – Klatschen
3. Klatschen – Klatschen – Klatschen – Stampfen
4. Klatschen – Stampfen – Klatschen – Stampfen

Mittel: 1. Klatschen – X – Klatschen – Klatschen
2. Klatschen – X – Stampfen rechts – Stampfen links

Schwierig: 1. Schnipsen rechts – X – Stampfen rechts – Stampfen links
2. Schnipsen links – X – Stampfen links – Stampfen rechts

Varianten

- Statt eines weiteren Geräusches kann auch eine Bewegung eingebaut werden, z. B. ein kleiner Schritt.
- Das Tempo kann erhöht und verlangsamt werden.
- Es kann mit einem Taktel oder einem Online-Rhythmusgeber ein bestimmtes Tempo gehalten werden, z. B. um 100 Schläge pro Minute, was bei Kindern einem entspannten Herzschlag entspricht.
- Kinder können nach vorn gebeten werden und dürfen den Rhythmus vorgeben.

Hintergrund

Auch wenn diese Übung sehr einfach klingt, kann sie für die Kinder anfangs relativ schwierig sein, hilft aber ungemein, die Konzentration und das Achten aufeinander zu trainieren. Vielen Kinder fällt es schwer, den Rhythmus zu erkennen und ihn als regelmäßige Abfolge sich wiederholender Töne wahrzunehmen. Auch die Umsetzung des Rhythmus kann für die Lernenden schwierig sein. Daher kann es am Anfang zu relativ chaotischen Rhythmen kommen.

Für viele Kinder besteht die Herausforderung auch darin, die Veränderung oder Erweiterung des Rhythmus zu erkennen. So klatschen einige Kinder nicht selten einfach im alten Rhythmus weiter, ohne zu merken, dass alle anderen etwas anders klatschen. Hier liegt ein Schwerpunkt der Übung: die Aufmerksamkeit zu schulen. Der andere Schwerpunkt liegt darin, dass wirklich alle für einen Moment das Gleiche tun. Ich mache diese Übung ritualisiert jeden Morgen, um in den Tag zu starten.

Bruder Jakob

Ziel: gemeinsames Tun und Fokussieren, aufeinander hören, sich trauen, gehört zu werden

Ort: am Platz im Klassenraum oder in vier Gruppen

Material: Lied „Bruder Jakob" als MP3 und Notenblatt (Downloadbereich → **M1**)

Dauer: etwa 5 Minuten

Ablauf

Ziel der Übung ist es, gemeinsam die Melodie von „Bruder Jakob" zu summen. Es empfiehlt sich, diese Übung im Stehen durchzuführen, da die Kinder dann besser summen oder singen können.
Dieses Lied gibt es in vielen Sprachen, sodass viele Kinder es aus ihrer Heimat kennen. Selbst wenn sie es noch nicht kennen, ist es eine einfache Melodie, die schnell gelernt werden kann. Wenn die Kinder das Lied noch nicht kennen, ist es leicht, das Lied in verschiedenen Sprachen im Internet zu finden und es den Kindern vorzustellen.
Wenn die Melodie gelernt ist, kann das Lied gesummt werden. Es kommt nicht darauf an, dass alle Kinder immer alle Töne richtig treffen, es geht darum, für einen Moment gemeinsam etwas zu tun.
Das Lied besteht aus vier Zeilen:

Bruder Jakob, Bruder Jakob,
schläfst du noch? Schläfst du noch?
Hörst du nicht die Glocken? Hörst du nicht die Glocken?
Ding, dang, dong. Ding, dang, dong.

1. Zuerst hören Sie mit den Kindern das Lied als MP3-Datei (→ **M1**) an oder Sie singen oder summen die Melodie vor.
2. Alle summen gemeinsam, bis die Melodie sicher beherrscht wird.

3. Nun wird die Klasse für den Kanon in zwei Gruppen geteilt.
    - Die erste Gruppe beginnt, zu summen,
    - wenn sie bei 3 „Hörst du nicht ...“ ist,
    - beginnt die zweite Gruppe, das Lied zu summen.
4. Wenn der Kanon in zwei Gruppen gelingt, kann auf vier Gruppen erweitert werden. Die Einsätze erfolgen dann auf 1, 2, 3 und 4.

Varianten

- Wenn die Kinder schon etwas Deutsch können, kann auch auf Deutsch gesungen werden.
- Wenn mehrere Kinder in der Klasse die gleiche Sprache sprechen, kann das Lied von den Kindern in ihrer Sprache den anderen Kindern beigebracht werden.
- Übersetzungen in die Sprache der Kinder können aus dem Internet mitgebracht und gelernt werden.
- Alle Kinder können das Lied gleichzeitig in ihrer eigenen Sprache singen.

Hintergrund

Gerade zu Beginn ihrer Zeit in der Alphabetisierungsklasse fällt es den Kindern schwer, sich zu äußern. Es erfordert viel Mut, sich in einer fremden Sprache zu zeigen, besonders wenn es in der Gruppe Kinder gibt, die schon besser Deutsch sprechen. Daher kann es leichter sein, sich zu beteiligen, wenn die Kinder nicht aufgefordert werden, Wörter zu singen, sondern zunächst summen.
Am Anfang kann es zu einem großen Durcheinander kommen. Einigen Kindern gelingt das noch nicht so gut, andere Kinder haben Spaß daran, absichtlich falsch zu summen und das Durcheinander zu genießen.

Bei dieser Übung geht es also darum, dass jedes Kind herausfindet, wie es zur Gruppe beitragen kann. So können die Kinder direkt lernen, dass ein schönes Gruppenergebnis nur im Miteinander und nicht im Gegeneinander entstehen kann.
Für uns als Lehrkraft ermöglicht diese Übung direkt einen ersten diagnostischen Blick auf das Verhalten der Kinder:
Wer kann sich konzentrieren? Wer stört absichtlich die Gruppe?
Wer regt die anderen zum Mitmachen an?

Der Spiegel

Ziel: gemeinsames Tun, Körperkoordination, Unterschiede erkennen, Reaktionsschnelligkeit, Stille aushalten, Konzentrationsfähigkeit

Ort: im Klassenraum hinter dem Stuhl oder im Stehkreis

Material: –

Dauer: etwa 3–4 Minuten

Ablauf

Ziel der Übung ist es, dass die Kinder die Bewegung und das Tempo der Lehrkraft spiegeln und die vorgemachten Bewegungen so genau wie möglich nachahmen. Während der Übung wird nicht gesprochen.

Die Kinder sollen die Bewegungen der Lehrkraft fließend nachahmen. Sie trainieren so auch die Fähigkeit, Dinge genau zu beachten und dann umzusetzen – eine Fähigkeit, die sie beim Spracherwerb auch brauchen.

1. Die Kinder stehen an ihren Plätzen oder im Kreis.
2. Machen Sie eine Bewegung vor. Heben Sie z. B. langsam den linken Arm.
3. Die Kinder machen es nach und heben spiegelbildlich den rechten Arm.
4. Wenn alle Kinder den Arm wie die Lehrkraft gehoben haben, nehmen Sie den Arm wieder herunter.
5. Wenn noch nicht alle Kinder die Bewegung richtig spiegeln, halten Sie den Arm hoch, bis sie die Bewegung richtig gespiegelt haben.
6. Nun strecken Sie z. B. den rechten Arm zur Seite aus.
7. Die Kinder spiegeln die Bewegung.

Varianten

- Es können zwei Bewegungen gleichzeitig gemacht werden. Ein Arm nach vorn, einer nach oben.
- Das Tempo kann schrittweise erhöht werden.
- Die Bewegungen können kleiner werden: An der ausgestreckten Hand werden Finger eingeklappt.
- Wenn die Übung gut läuft, können Kinder, die die Übung gut beherrschen, nach vorn gebeten werden und selbst Bewegungen vormachen.

Hintergrund

Viele Kinder haben Schwierigkeiten, sich selbst und andere richtig wahrzunehmen. Dies gilt besonders für Kinder, die in ihrer Heimat noch nicht die Möglichkeit hatten, eine Schule zu besuchen.
Neben der Fähigkeit, Bewegungen zu erkennen und spiegelverkehrt umzusetzen, geht es bei dieser Übung darum, nicht nur zu erkennen, dass ein Arm bewegt und nach oben gestreckt wird, sondern diese Bewegung auch möglichst genau umzusetzen.
Vielen Kindern fällt es zunächst schwer, die Bewegung konstant spiegelbildlich auszuführen. Für manche ist es auch eine Herausforderung, die Bewegung genau nachzuvollziehen. Es reicht nicht, den Arm irgendwie nach oben zu strecken, es muss möglichst genau sein.
Aber wie bei allen Übungen muss sich das mit der Zeit entwickeln. Am Anfang reicht es, wenn die Bewegung überhaupt ausgeführt wird, mit der Zeit sollte die Genauigkeit gesteigert werden.

Gerade am Anfang fällt es vielen Kindern schwer, die Bewegung genau zu erkennen und dann auch genau auszuführen. Oft heißt es dann: „Warum? Das kann ich doch!" Hier gilt es dann, mit den Kindern das genaue Hinsehen und exakte Umsetzen zu üben – eine Fähigkeit, die hier im Großen geübt wird und später beim Schreiben der Buchstaben wichtig wird.
Auch das Annehmen von Rückmeldungen kann hier schon geübt werden, Rückmeldungen dienen den Kindern dazu, sich zu verbessern. Gerade bei dieser Übung reicht oft eine kleine Korrektur der Haltung und die Kinder haben ein Erfolgserlebnis.

Suchbilder

Ziel: Unterschiede erkennen, Konzentrationsfähigkeit, sich an Regeln halten

Ort: im Klassenraum am Platz oder in einer Reihe vor dem interaktiven Whiteboard

Material: diverse interaktive Suchbilder aus dem Internet (am besten einfach über die Google-Suche suchen und vorab austesten) oder Suchbilder (Downloadbereich → **M2**)

Dauer: etwa 6 Minuten pro Bild

Ablauf

Im Internet gibt es viele Suchbilder, auf denen das Original und ein Bild mit Fehlern zu finden sind. Die Kinder sollen nun die entsprechenden Fehler finden und durch Antippen markieren. Haben sie einen Fehler gefunden, wird meist direkt auf dem Bild gezeigt, wo der Fehler ist.
Wählen Sie ein Bild aus und zeigen Sie es groß über das interaktive Whiteboard. Diese Übung läuft in absoluter Stille ab.

1. Beim ersten Mal zeigen Sie selbst ein oder zwei Fehler im Bild und markieren diese, indem Sie auf das Bild tippen, sodass (bei einem interaktiven Suchbild) ein Haken erscheint.
2. Die Kinder haben nun Zeit, still von ihrem Platz aus nach weiteren Fehlern zu suchen.
3. Nach einiger Zeit zeigen Sie den Kindern mit einer entsprechenden Fingeranzahl, wie viele Fehler Sie bis jetzt gefunden haben. Fordern Sie die Kinder fragend auf, ebenfalls leise mit Fingern zu zeigen, wie viele Fehler sie gefunden haben.
4. Wenn ein Großteil der Klasse mehr als fünf Fehler gefunden hat, zeigen Sie auf ein Kind, das nach vorn geht und einen Fehler markiert.
5. Wählen Sie dann das nächste Kind, das nach vorn kommt und den nächsten Fehler markiert.

Wenn Sie kein interaktives Whiteboard haben, nutzen Sie die Suchbilder aus dem Download (→ **M2**) als Kopie. Dann bearbeiten die Kinder die Kopien und wer als Erster fertig ist, gibt sein Blatt der Lehrkraft zur Kontrolle.

Varianten

- Lassen Sie das Kind auswählen, wer als Nächstes nach vorn kommt.
- Wiederholen Sie ein Bild, das vor ein paar Tagen schon einmal gelöst wurde, dies fördert das Gedächtnis.
- Stoppen Sie die Zeit, die die Kinder benötigen, um das Bild zu lösen. Notieren Sie die Zeit und vergleichen Sie die Zeit, wenn Sie das Bild nach ein paar Tagen noch einmal lösen.

Hintergrund

Vordergründig geht es bei dieser Übung darum, konzentriert die Fehler zu finden. Tatsächlich enthält diese Übung aber noch viel mehr. Für viele Kinder, gerade für welche ohne Schulerfahrung, kann es sehr schwer sein, sich zu kontrollieren, wenn sie einen Fehler gefunden haben. Sie trainieren so ihre Frustrationstoleranz, wenn sie mit ihrer Lösung nicht drankommen oder gerade vor ihnen jemand genau den Fehler gefunden hat, den sie zeigen wollten.
Da die ganze Übung in absoluter Stille abläuft, lernen die Kinder, diese ein- und auszuhalten. Dirigieren Sie die Kinder nur durch Handzeichen und fordern Sie sie auch durch Handzeichen zur Ruhe auf.
Manchmal sind die Bilder sehr knifflig, wenn möglich, sollte ein zweites Gerät (Handy, Tablet) zur Verfügung stehen, auf dem die Lösung angezeigt werden kann. So können Sie ggf. weitere Tipps geben.

M 2

Suchbild „Hase und Fuchs“

Finde 10 Unterschiede und kreise sie im rechten Bild ein.

RATZFATZ DaZ

Was fehlt?

Ziel: Gedächtnistraining, Konzentrationsfähigkeit

Ort: an einem Tisch im Klassenraum

Material: 5–10 Bildkarten oder Gegenstände aus dem Klassenraum

Dauer: etwa 5 Minuten

Ablauf

Diese Übung ist die klassische Situation aus einem Detektivfilm: Ein Gegenstand fehlt und die Kinder müssen benennen, welcher Gegenstand fehlt.
Zu Anfang ist es sinnvoll, Gegenstände zu nehmen, die die Kinder schon benennen können, wie Stift, Radiergummi, Anspitzer, Uhr oder andere Dinge des täglichen Gebrauchs.

1. Bauen Sie vorn auf einem Tisch, den alle gut sehen können, eine Reihe von Gegenständen auf.
2. Benennen Sie kurz mit der Klasse zusammen die Gegenstände.
3. Geben Sie den Kindern etwa eine Minute Zeit, sich die Gegenstände einzuprägen.
4. Fordern Sie die Kinder auf, sich umzudrehen.
5. Entfernen Sie einen Gegenstand.
6. Die Kinder dürfen sich wieder zurückdrehen.
7. Geben Sie den Kindern einen Moment Zeit, sich zu erinnern und herauszufinden, welcher Gegenstand fehlt.
8. Wer weiß, welcher Gegenstand fehlt, meldet sich.
9. Wählen Sie ein Kind aus. Benennt es den richtigen Gegenstand, darf es bei der nächsten Runde den Gegenstand wegnehmen.
10. Benennt es nicht den richtigen Gegenstand, ist das nächste Kind an der Reihe.

Varianten

- Nehmen Sie mehr als einen Gegenstand weg.
- Lassen Sie nur ein Kind sich umdrehen und ein anderes Kind nimmt den Gegenstand weg.
- Erhöhen Sie die Zahl der Gegenstände.
- Lassen Sie die Kinder die Gegenstände aussuchen, die sie auf den Tisch legen.
- Wenn es gut klappt, lassen Sie die Kinder diese Übung in Kleingruppen durchführen.
- Nehmen Sie statt Gegenständen Wortkarten, die zu dem gerade erlernten Wortfeld passen.
- Verdecken Sie alle Gegenstände mit einem Tuch und lassen Sie die Kinder die Gegenstände aufzählen.
- Sie können die Gegenstände auch verschieben, nachdem sie einen Gegenstand entfernt haben, das erhöht die Schwierigkeit.
- Nutzen Sie Bildkarten der Buchstabentabellen.
- Nutzen Sie Buchstabenkarten.
- Nutzen Sie Buchstaben, die die Kinder aus Salzteig hergestellt haben (siehe Übung „Buchstaben kneten")

Hintergrund

Vordergründig steht hier natürlich wieder das Herausfinden von Unterschieden im Vordergrund, eine Fähigkeit, die die Kinder beim Erlernen der Schrift benötigen. Ebenfalls wird hier wieder die Konzentrationsfähigkeit gefördert, aber auch das Verhalten in einer Gruppe: Wie gehe ich damit um, wenn ich nicht sofort drankomme? Was kann ich machen, wenn ich den Gegenstand nicht errate? Bekomme ich es hin, mich wirklich umzudrehen und nicht heimlich zu gucken?

Weiter lassen sich hier auch Strategien üben, wie ich mir Gegenstände merke: Ich kann die Gegenstände zählen, dann weiß ich schon mal, wie viele Gegenstände fehlen. Ich kann die Gegenstände beim Memorieren leise aufsagen.
Ich kann mich ggf. an Farbe und Form orientieren.

Miau, Wuff, Quak

Ziel: Konzentrationsfähigkeit, Merkfähigkeit, Teamfähigkeit

Ort: im Klassenraum am Platz oder im Halbkreis vor dem digitalen Whiteboard

Material: Tier-Bildkarten (Downloadbereich → **M3**)

Dauer: etwa 5 Minuten

Ablauf

Zeigen Sie den Lernenden die jeweiligen Tier-Bildkarten (→ **M3**) – entweder auf dem digitalen Whiteboard oder als Kopie. Üben Sie gemeinsam die passenden Tiernamen und Geräusche. Das Spiel funktioniert so ähnlich wie „Ich packe meinen Koffer", nur eben mit den Tiergeräuschen.

1. Zeigen Sie auf sich und sagen Sie: „Miau."
2. Zeigen Sie auf das erste Kind, schauen Sie es fragend an und fordern Sie es auf, eins der Geräusche zu machen, vielleicht macht es „Wuff".
3. Wiederholen Sie zusammen mit dem Kind Ihr eigenes Geräusch „Miau" und dann das des ersten Kindes „Wuff".
4. Zeigen Sie dann auf das zweite Kind und schauen Sie es fragend an, dieses Kind macht vielleicht „Quak".
5. Wiederholen Sie zusammen mit dem zweiten Kind die Geräusche „Miau, Wuff, Quak" und zeigen Sie dabei auf sich selbst und dann die ersten beiden Kinder.
6. Zeigen Sie nun auf das dritte Kind und fordern Sie es zum Geräusch auf, vielleicht sagt es „Piep".
7. Wiederholen Sie wieder gemeinsam mit dem Kind „Miau, Wuff, Quak" und fordern Sie das Kind auf, das eigene Geräusch hinzuzufügen.
8. In der Regel verstehen jetzt die Kinder das Spiel und können es fortsetzen.
9. Wenn ein Kind das Geräusch nicht korrekt wiederholt, scheidet es aus.

Varianten

- Die Kinder können statt Geräusche auch die Tiernamen nutzen.
- Die Kinder können das Tier und Geräusch nennen.
- Die Kinder können zwei Geräusche, auch verschiedene sagen.

Hintergrund

Hier wird wieder die Merkfähigkeit trainiert und das Aushalten, bis man selbst an der Reihe ist. Wenn die Gruppe sehr groß ist, kann sie auch in zwei Gruppen geteilt werden, sobald das Prinzip des Spiels verstanden ist.

Die Kinder können auch andere Tiere in das Spiel einbringen, diese können dann gezeichnet und mit dem entsprechenden Laut versehen werden. Vielleicht gibt es ja Tiere, die in den Heimatländern der Kinder vorkommen, aber hier nicht? Z. B. der Wisent in der Ukraine (Grwaaah), der persische Leopard in Syrien (Grrrrhh), das Markhor, eine Wildziege aus Afghanistan (Maa-aa-aa), der Karpartenluchs aus Rumänien (Chhhhh) oder das Grevy-Zebra aus Eritrea (Iiii-ii-hii). So kann das Spiel noch die Herkunft der Kinder aufgreifen und präsent machen. Es kann vorkommen, dass Kinder keinerlei Ahnung haben, welche Tiere in ihrer Heimat leben oder besonders sind, dann kann man zusammen im Internet suchen und so in den Austausch über die verschiedenen Länder kommen.

Hörst du mich?

Ziel: Zuhören üben, Teamfähigkeit, Konzentrationsfähigkeit, sich an Regeln halten

Ort: im Klassenraum am Platz oder frei

Material: –

Dauer: etwa 5 Minuten

Ablauf

Vielen Kindern fällt es vor allem am Anfang schwer, genau zuzuhören oder hinzuhören. Diese Übung will spielerisch das Hören mit den Kindern trainieren.

1. Die Kinder sitzen auf ihren Plätzen und schauen nach vorn.
2. Gehen Sie hinter die Kinder, sodass diese sie nicht mehr sehen können.
3. Die Kinder schließen die Augen und konzentrieren sich auf das Hören.
4. Gehen Sie nun leise nach rechts oder auch nach links hinter die Klasse. Machen Sie von dort ein Geräusch.
5. Die Kinder müssen nun heraushören, ob das Geräusch von links oder rechts kam, und auf der entsprechenden Seite den Arm heben, um anzuzeigen, von welcher Seite das Geräusch kam.
6. Je nach Hörkompetenz können die Geräusche näher oder weiter auseinander oder schneller nacheinander gemacht werden.

Varianten

- Anstelle der Lehrkraft macht ein Kind oder zwei Kinder machen die Geräusche.
- Ein Kind macht z. B. 3-mal ein Geräusch, das andere 4-mal. Die Gruppe muss benennen, wie viele Geräusche von welcher Seite kamen.
- Je besser die Klasse die Übung meistert, desto mehr kann der Abstand der beiden Kinder, die das Geräusch machen, verringert werden.
- Die Kinder können Gegenstände aus dem Klassenraum nutzen, um Geräusche zu machen, z. B. eine Schere, die auf- und zugeht, zwei Stifte aneinanderklopfen, mit Kreide Striche auf die Tafel malen ... Wichtig ist nur, dass die Geräusche möglichst identisch sind.
- Nehmen Sie z. B. in einer sehr fortgeschrittenen Gruppe die Schultasche eines Kindes und gehen Sie damit hinter die Klasse in die Mitte. Nun können Sie links oder rechts auf die Tasche klopfen.
- Gehen Sie – wenn es die Klasse erlaubt – vor die Tür und klopfen Sie oben oder unten an die Tür.
- Wer aus der Zuhörergruppe das Geräusch falsch oder nicht hört und inkorrekt aufzeigt, scheidet aus, bis nur ein Kind übrig bleibt. Hier kann das Schwierigkeitsniveau gesteigert werden, bis nur noch ein Kind übrig ist.

Hintergrund

Vielen Kindern, insbesondere Kindern mit wenig Schulerfahrung, fällt es schwer, genau hinzuhören oder sich über einen längeren Zeitraum auf das Hören zu konzentrieren. Genaues Zuhören ist eine Grundlage für das Erlernen einer Sprache. In dieser Übung wird das genaue Zuhören spielerisch trainiert.
Trainieren Sie damit auch die Zeitspanne, die sich Kinder auf das Hören konzentrieren können. Zu Beginn ist diese Zeitspanne meist eher kurz.

Wenn Sie regelmäßig mit der Klasse aufschreiben, wie die Übung an dem Tag gelaufen ist, sehen die Lernenden, dass sie mit der Zeit immer besser werden und Dinge schaffen, die sie für unmöglich hielten. Auf diese Weise produzieren sie eindrucksvolle Erfolgserlebnisse im Sinne des „Growth mindset" (siehe Einleitung). Je mehr Sie die Kinder in die Übung einbeziehen, desto mehr identifizieren sie sich mit der Übung.

2.

Buchstaben erkennen

Zeitungs-Buchstaben-Suche

Ziel: Buchstaben erkennen, Konzentrationsfähigkeit, genaues Beobachten

Ort: am Platz in der Klasse

Material: Tageszeitung und Stifte, ggf. ein Timer

Dauer: etwa 5–15 Minuten

Ablauf

Bringen Sie eine Tageszeitung mit, es ist egal welche. Allerdings eignen sich große Zeitungen mit weniger Überschriften und ohne allzu viele Bilder besser.

1. Jedes Kind bekommt eine Zeitungsseite auf den Tisch.
2. Hängen Sie eine Zeitungsseite an die Wand, sodass alle Kinder diese sehen. Oder fotografieren Sie die Zeitungsseite ab und zeigen Sie diese, sofern möglich, auf dem digitalen Whiteboard.
3. Geben Sie einen zu suchenden Buchstaben vor, z. B. das A.
4. Malen Sie ein großes A an die Tafel, sodass alle Kinder genau wissen, welchen Buchstaben sie suchen sollen.
5. Suchen Sie nun auf Ihrer Zeitungsseite für alle sichtbar den ausgewählten Buchstaben und sagen Sie ihn dabei immer wieder: „A, A, A ...", sodass der Laut des Buchstabens präsent ist. Kreisen Sie dabei den Buchstaben auffällig ein.
6. Wenn die Kinder die Aufgabe verstanden haben, beginnen sie auf ihrer Zeitungsseite mit der Suche nach dem ausgewählten Buchstaben und kreisen diesen ein.
7. Das Ende der Übung ist abhängig von der Konzentrationsfähigkeit der Gruppe. Alternativ kann mit einem Timer eine Zeit festgelegt werden, die die Kinder zur Verfügung haben.
8. Am Ende wird gezählt, wie viele Buchstaben die Kinder gefunden haben.

Varianten

- Es können nur Groß- oder Kleinbuchstaben oder beides gesucht werden.
- Es können mehrere Buchstaben gesucht werden.
- Jedes Kind kann einen eigenen Buchstaben auswählen, z. B. den Anfangsbuchstaben des eigenen Namens.
- Die Kinder können sich nach Ende der Übung gegenseitig kontrollieren, ob alle Buchstaben richtig eingekreist wurden, ob Buchstaben übersehen wurden oder ob falsche Buchstaben eingekreist wurden.
- Die Kinder können in einer anderen Farbe Korrekturen einfügen.
- Sonderzeichen können besprochen werden.
- Es gibt immer Kinder, die schon deutlich mehr sprechen, als sie lesen können. Diese Kinder können erzählen, was sie auf der Zeitungsseite erkennen.

Hintergrund

Am Anfang haben Kinder oft Schwierigkeiten, Buchstaben genau zu erkennen. Viele sehen ähnlich aus, wie z. B. m und n oder b, p und q oder w und v. Daher ist es hilfreich, wenn sie regelmäßig üben, die Buchstaben zu identifizieren.
Seiten aus einer Tageszeitung, die größer als ein A4-Blatt sind, haben einen besonders hohen Motivationswert bei Kindern, zumal sie mit Material aus der realen Welt in Berührung kommen. Dazu findet man Buchstaben und Wörter unterschiedlicher Größe, was für alle Niveaustufen geeignet ist. Am Anfang genügt es, die gesuchten Buchstaben zunächst in den fett gedruckten Überschriften und dann in den Zwischenüberschriften zu finden, bevor man sich dem Fließtext widmet.

WICHTIG:
Achten Sie darauf, was auf den Zeitungsseiten steht oder zu sehen ist. Einige Kinder sind von ihrer Fluchterfahrung traumatisiert, wählen Sie also „harmlose" Themen aus, wie Lokalberichterstattung, Sport oder Kultur.

Buchstabenspaziergang

Ziel: Buchstaben erkennen, aufeinander achten, Teamfähigkeit

Ort: im Klassenraum, ggf. Tische und Stühle beiseiteschieben

Material: 26 DIN-A4-Blätter

Dauer: etwa 15 Minuten

Ablauf

Vor dem eigentlichen Beginn der Übung stellen die Kinder selbst die ABC-Zettel her. Pro DIN-A4-Seite wird ein Buchstabe geschrieben. Am besten macht man es einmal vor, damit die Buchstaben auch groß und deutlich werden und nicht klein in der Ecke landen.

1. Die Zettel werden nach ihrer alphabetischen Reihenfolge im Klassenraum auf dem Boden verteilt.
2. Die Kinder sollen durch die Klasse spazieren gehen und wenn sie dabei auf einen Buchstabenzettel kommen, sprechen sie ihn aus. Sie müssen nicht direkt zum nächsten Buchstaben laufen, sie können wählen, welchen Buchstaben sie „besuchen".
3. Die Kinder können einzeln gehen oder auch in Paaren.

Variante

Je nach Niveau der Klasse können die Buchstabenzettel auch in eine beliebige Reihenfolge gelegt werden.

Fortgeschrittene Variante

Gibt es die Möglichkeit, Tische und Stühle beiseitezuschieben, können bei Gruppen, die gut miteinander umgehen können, die Zettel im ganzen Raum verteilt werden. Die Kinder gehen jetzt in gerader Linie durch den Klassenraum. Treffen sie auf eine Wand oder eine andere Begrenzung des Raumes, kehren sie in dem Winkel um, wie sie auf das Hindernis treffen (so wie es auch Billardkugeln machen).
Treffen sie auf ein anderes Kind, weichen sie aus und setzen dann ihren Weg fort. Diese Übung ist besonders anspruchsvoll, daher ist es gut, wenn Sie dies einmal vormachen. Lassen Sie dann erst ein Kind, dann zwei und dann drei und so weiter Kinder laufen. Immer wenn die Kinder jetzt über einen Buchstaben gehen, sprechen sie diesen aus. Diese Übung wird an einem bestimmten Punkt „zusammenbrechen".

Die Herausforderung für die Gruppe besteht darin, in einem Wettstreit mit sich selbst immer mehr Kinder in das Laufsystem zu integrieren. Im Idealfall läuft die ganze Gruppe nach den beschriebenen Regeln durch den Raum und spricht die Buchstaben aus.

Hintergrund

Der Reiz dieser Übung besteht besonders in der fortgeschrittenen Variante darin, dass allein das Laufen nach den Regeln schon eine Herausforderung ist. Das heißt, die eigentliche Übung, das Benennen der Buchstaben, wird plötzlich zweitrangig und dadurch auch nicht so schnell langweilig.
Bei dieser Übung lässt sich auch sehr gut beobachten, wie die Klasse miteinander umgeht. Gibt es Kinder, die andere bewusst anrempeln? Gibt es Kinder, die immer ihre „Vorfahrt" erzwingen? Gibt es Kinder, die immer anderen ausweichen? Gibt es Kinder, die sich bewusst nicht an die Lauf-Regeln halten? Gibt es Kinder, die das System absichtlich zusammenbrechen lassen?

Anhand dieser Übung kann man mit den Kindern auch sehr gut thematisieren, dass Lernen nur dann gelingt, wenn alle mitmachen. Wenn es Kinder gibt, die bewusst stören, wird ein Lernen nicht so möglich sein, wie es die Lehrkraft plant.
Diese Übung ist nicht ganz einfach und erfordert Übung. Die Kinder sind aber sehr stolz, wenn es ihnen gelingt, dass die ganze Gruppe mitläuft.

Stille Post als Rückenmaler

Ziel: Buchstaben erkennen und schreiben, Körperwahrnehmung, Teamfähigkeit

Ort: frei im Klassenraum

Material: Zettel und Stift, Tafel oder digitales Whiteboard

Dauer: etwa 5 Minuten

Ablauf

In Gruppen, die das Alphabet noch nicht gut beherrschen oder gerade erst die ersten Buchstaben lernen, ist es sinnvoll, die zu nutzenden Buchstaben vor Beginn der Übung noch einmal zu visualisieren und gemeinsam zu sprechen. So sind die Buchstaben präsent. Je nach Lerngruppe empfiehlt es sich auch, die Auswahl der Buchstaben zu begrenzen.

1. Wählen Sie drei bis fünf Buchstaben aus und malen Sie diese ans digitale Whiteboard oder die Tafel sowie auf einen kleinen Zettel.
2. Sprechen Sie die Buchstaben vor oder bitten Sie fortgeschrittene Kinder, dies ebenfalls zu tun, sodass das Lautbild für alle präsent ist.
3. Bitten Sie die Kinder, sich hintereinander in eine Reihe zu stellen mit einer Armlänge Abstand. Es wäre gut, wenn die Kinder die ausgewählten Buchstaben noch sehen können.
4. Zeigen Sie jetzt nur dem ersten Kind einen Buchstaben von dem Zettel. Das erste Kind zeichnet dann dem Kind vor sich den auserwählten Buchstaben vom Zettel auf den Rücken.
5. Das zweite Kind zeichnet dann dem dritten Kind, das dritte Kind dem vierten Kind usw. den Buchstaben auf den Rücken.
6. Das letzte Kind sagt den Buchstaben, den es erkannt hat, laut für alle.
7. Verraten Sie dann den Kindern, welchen Buchstaben Sie ursprünglich ausgewählt hatten.
8. Für die nächste Runde geht das letzte Kind der Reihe nach vorn, sodass alle einmal an die Reihe kommen, den Buchstaben zu sagen.

Varianten

- Lassen Sie die Kinder die Buchstaben auswählen.

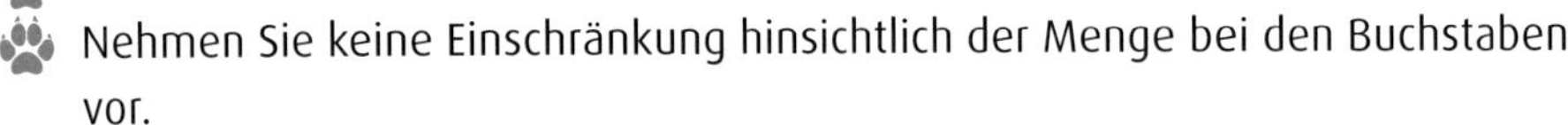

- Nehmen Sie keine Einschränkung hinsichtlich der Menge bei den Buchstaben vor.

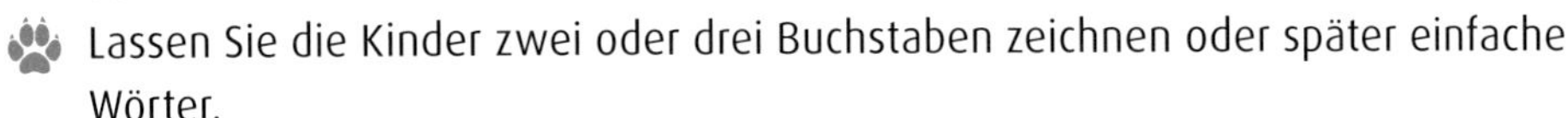

- Lassen Sie die Kinder zwei oder drei Buchstaben zeichnen oder später einfache Wörter.
- Hängen Sie Flipchartpapier an die Wand und stellen Sie je ein Kinderpaar davor. Ein Kind malt auf den Rücken, das andere überträgt die Buchstaben von seinem Rücken auf das Papier.

Hintergrund

Gerade zu Beginn ist das Wahrnehmen der Buchstaben auf dem Rücken sehr schwierig für die Kinder. Es ist sehr interessant, wenn Sie als Lehrkraft bei der Gruppe stehen und die Buchstabenübertragung beobachten. Nicht nur bei Buchstaben wie C und E oder M und N gibt es schnell Verwechslungen.
Merken Sie sich oder notieren Sie, welcher Buchstabe jeweils empfangen und weitergegeben wird, und teilen Sie diese Beobachtung danach mit der Gruppe, indem Sie sagen: „Du hast ein E gemalt. Du hast dann ein C gemalt, bei dir wurde daraus ein O und bei dir dann ein U."

Zum einen ist es für alle lustig, dass diese Übung zu Beginn für alle schwierig ist, zum anderen ist es interessant, die Veränderung der Buchstaben zu verfolgen. Achten Sie auch darauf, ob es Kinder gibt, die immer ganz andere Buchstaben weitergeben, als sie empfangen. Tauschen Sie dazu die Reihenfolge durch, indem Sie mit Buchstabenzetteln arbeiten. Vermeiden Sie, die Kinder selbst am Rücken zu berühren, was ihnen unangenehm sein kann.

Buchstaben-Pärchen suchen

Ziel: Buchstaben erkennen, Merkfähigkeit, Regeln einhalten, Beobachtungsgabe

Ort: im Klassenraum am Tisch oder auf dem Boden

Material: Buchstaben-Pärchen (Downloadbereich ➔ **M4**), Scheren
Ggf. laminieren Sie die Karten vor dem Ausschneiden, dann können Sie die Karten beim nächsten Mal wiederverwenden.

Dauer: etwa 10–15 Minuten

Ablauf

Drucken Sie vorab die Buchstabenkarten (➔ **M4**) in entsprechender Anzahl aus. Set 1 enthält die Buchstaben A–M, Set 2 die Buchstaben N–Z.

1. Lassen Sie die Kinder die Buchstaben-Karten entlang der Linien ausschneiden. Achten Sie darauf, dass möglichst gerade geschnitten wird (oder schneiden Sie notfalls nach). Ansonsten sind die Buchstabenkarten später einfach an der Schnittkante zu erkennen.
2. Demonstrieren Sie, wie ein Pärchen-Suchspiel funktioniert:
   Legen Sie die Buchstabenkarten verdeckt auf den Tisch und mischen Sie diese gut durch.
   Decken Sie zwei Karten auf, passen hier Groß- und Kleinbuchstabe zusammen, legen Sie das Buchstabenpärchen beiseite. Sie sind noch einmal dran und dürfen erneut aufdecken.
3. Haben Sie keine zwei passenden Karten, ist nun das Kind an der Reihe. Fordern Sie es auf, zwei Karten umzudrehen.
4. Wiederholen Sie das Vormachen, bis die Kinder die Regeln erfasst haben.

Varianten

- Legen Sie vier Buchstabenkarten offen in die Mitte. Auch mit diesen Karten und den aufgedeckten Karten können Pärchen gebildet werden. Wird eine aufgedeckte Karte für ein Pärchen genutzt, decken Sie eine weitere Karte auf, sodass immer vier Karten offen liegen.
- Es werden nur Karten aufgedeckt, aber nicht mehr zugedeckt. Sobald sich jetzt ein Pärchen findet, dürfen alle mitspielenden Kinder auf die Karten klatschen. Wer zuerst beide Karten klatscht, darf sie behalten.
- Mischen Sie die auf dem Tisch liegenden Karten erneut, wenn nur noch die Hälfte der Karten übrig ist.
- Nutzen Sie Kartenset 1 und Kartenset 2 zusammen.
- Die Kleinbuchstaben werden offen auf den Tisch gelegt. Ein Kind zeigt nun nacheinander die Karten mit den Großbuchstaben, das andere Kind muss auf den dazugehörigen Kleinbuchstaben klatschen. Spielen zwei Kinder, kann man die Zeit stoppen. Spielen mehrere Kinder, darf das Kind, das am schnellsten geklatscht hat, die Karte behalten.
- Spielen Sie mit den Kindern ein „Menschen-Pärchen-Suchspiel“: Zwei Kinder, die Sucher-Kinder, verlassen den Raum. In der Klasse suchen sich alle Kinder ein Partnerkind und entscheiden sich für einen Buchstaben. Das ist ihr Memo-Buchstabe. Die beiden Sucher-Kinder kommen wieder in die Klasse und dürfen abwechselnd auf je zwei Kinder zeigen, die dann ihren Buchstaben laut aussprechen. Hat das Sucher-Kind ein Buchstaben-Paar gefunden, darf es noch einmal, sonst ist das andere Sucher-Kind dran.

Hintergrund

Pärchen-Suchspiele fördern die Beobachtungsgabe, das Merkvermögen und auch Reaktionsschnelligkeit. Und es macht auch noch Spaß!

Nachdem die Kinder die Regeln einmal erfasst haben, können sie selbstständig spielen. Mit mehreren Sets in der Klasse können Teams im Wettstreit gegeneinander antreten: Das Team, das zuerst das Pärchen-Suchspiel komplett hat, hat gewonnen. Wenn die Kinder die Buchstabenkarten selbst ausschneiden, werden Feinmotorik wie Hand-Auge-Koordination gefördert.

Gepunkteter Montagsmaler

Ziel: Buchstaben erkennen, Konzentrationsfähigkeit, Regeln einhalten, Teamfähigkeit

Ort: im Klassenraum

Material: –

Dauer: etwa 5 Minuten

Ablauf

Diese Übung funktioniert so wie „Montagsmaler", hier werden jedoch keine Bilder gezeichnet, sondern Buchstaben, die von den anderen Kindern erraten werden müssen. Auch ziehen die Kinder bei diesem Spiel keine Striche, sondern malen Punkte (Ein Beispiel zum „T" finden Sie auf Seite 39 unten.). Bei weniger fortgeschrittenen Gruppen kann es hilfreich sein, zuerst eine Auswahl von Buchstaben festzulegen und diese vorab zu besprechen.

1. Zuerst machen Sie die Übung an der Tafel vor: Suchen Sie für sich einen Buchstaben aus und markieren Sie einen Punkt.
2. Dann wählen Sie einen zweiten Punkt aus dem Buchstaben aus und markieren ihn ebenfalls. Ist es ein Buchstabe, der verschiedene Endpunkte hat, wie z. B. T, M C F W oder J, können Sie diese markieren.
3. Im Folgenden vervollständigen Sie mit weiteren Punkten den Buchstaben nach und nach, bis die Kinder erraten haben, welchen Buchstaben Sie zeichnen.
4. Fragen Sie zwischendurch immer, welcher Buchstabe es jetzt NICHT mehr sein kann. Je mehr Punkte Sie setzen, desto mehr Buchstaben fallen raus.
5. Das Kind, das zuerst den richtigen Buchstaben errät, hat gewonnen und darf den nächsten Buchstaben zeichnen.

Varianten

- Mischen Sie Klein- und Großbuchstaben.
- Die Kinder können in Mannschaften gegeneinander antreten: Teilen Sie die Klasse in zwei Gruppen. Jede Gruppe bekommt abwechselnd immer 30 Sekunden, um einen Buchstaben mit Punkten zu zeichnen. Ein Kind von Team 1 beginnt,

Buchstaben nach und nach mit Punkten zu markieren. Errät jemand aus dem Team den Buchstaben, kann das nächste Kind aus dem Team – sofern die Zeit reicht – einen weiteren Buchstaben punkten.

 Nach dreißig Sekunden tauschen die Teams. Je nach Konzentrationsfähigkeit der Kinder können Sie mehrere Runden spielen.

Hintergrund

In dieser Übung üben die Kinder einen neuen Blick auf die Buchstaben: Aus welchen Einzelteilen besteht ein Buchstabe? Ist er offen? Ist er geschlossen? Ist er rund? Ist er eckig? Sie können bei der Auswahl der zur Verfügung stehenden Buchstaben eine Vorauswahl treffen und z. B. erst die runden Buchstaben, wie O, Q, D, C oder G, auswählen oder Buchstaben aus Strichen, wie H, I, K, L, T, E oder F. Wenn Sie eher ähnliche Buchstaben auswählen, wird es schwieriger, wenn Sie sehr unterschiedliche Buchstaben auswählen, wird es eher leichter. Achten Sie bei dieser Übung darauf, dass die Kinder nicht zu schnell die Punkte setzen, sondern den anderen Kindern auch eine Chance geben, zu denken.
Wenn die Kinder vorn stehen und einen Buchstaben punkten, müssen sie selbst überlegen, wie der Buchstabe aufgebaut ist. Sie müssen abschätzen, in welcher Entfernung sie die Punkte setzen, und erarbeiten sich so noch einmal ein ganz neues Verständnis vom Aufbau der Buchstaben.
Wenn Sie die Übung einführen, können Sie kleine Kärtchen vorbereiten, die Sie den Kindern als Orientierungshilfe geben. Später können Sie oder ein anderes Kind dem Kind, welches malt, den Buchstaben zuflüstern. Beim Wettbewerb von zwei Teams kann dies ein Kind aus dem anderen Team sein.

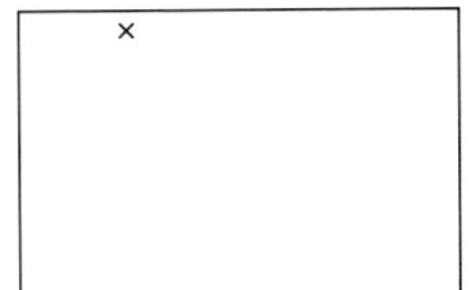

1. Es sind noch fast alle Buchstaben möglich.

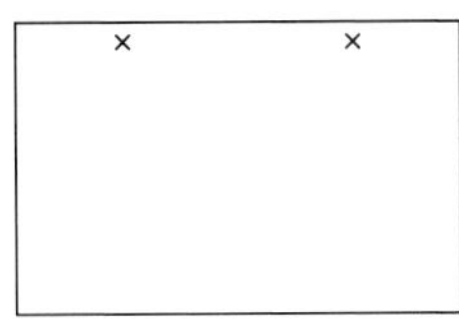

2. Es sind noch viele Buchstaben möglich. Nicht mehr möglich sind aber schon mal z. B. L, I, C, O, Q.

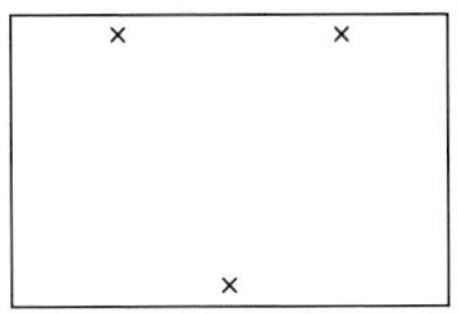

3. Noch weniger Buchstaben sind möglich, die vorherigen nicht mehr und auch nicht mehr: F, J, H, W … Möglich sind aber noch T, V, B …

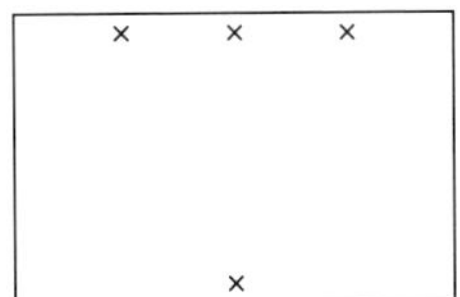

4. Möglich sind jetzt noch T, E, Z, B.

5. Jetzt ist nur noch das T möglich.

Buchstaben auf der Straße

Ziel: Buchstaben erkennen, Teamfähigkeit

Ort: auf dem Schulhof oder in der Schulumgebung

Material: ggf. Buchstabenkarten (Downloadbereich → **M9**)

Dauer: etwa 20 Minuten

Ablauf

Bei dieser Übung sollen die Kinder Buchstaben in ihrer natürlichen Umgebung finden. Dazu ist es notwendig, dass die Kinder bereits einige Buchstaben kennen. Je nach Lernstand können Sie auch eine Auswahl der Buchstaben treffen und diese vorher wiederholen.

1. Zeigen Sie den Kindern vorher, welche Buchstaben sie draußen suchen sollen. Dafür können Sie ggf. die Buchstabenkarten aus dem Download (→ **M9**) nutzen.
2. Wenn Sie mit den Kindern einen Spaziergang machen, geben Sie den Buchstaben vor, der gesucht werden soll, z. B. das N.
   Wenn nötig, zeigen Sie noch einmal eine Karte mit dem Buchstaben N.
3. Das Kind, das als erstes den Buchstaben N gefunden hat, ruft: „Ich habe ein N!"
4. Das Kind, das den Buchstaben gefunden hat, darf sich den nächsten Buchstaben aussuchen.

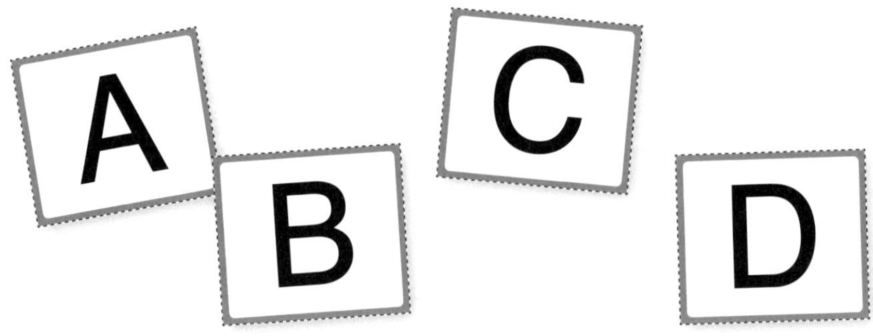

Varianten

- Sie können bei Ihrer Auswahl auch die Schwierigkeit der Übung bestimmen, wenn Sie die Buchstabenhäufigkeit im Deutschen mit einbeziehen. Wollen Sie die Übung eher einfach gestalten, wählen Sie häufiger vorkommende Buchstaben, wie E, N, I, R, S, A, T, D usw. Wollen Sie die Übung schwierig gestalten wählen Sie Q, X, Y, J oder ß.
- Wenn die Gruppe zuverlässig ist, können Sie auch an einen Ort mit vielen Buchstaben gehen und die Kinder in Kleingruppen arbeiten lassen.

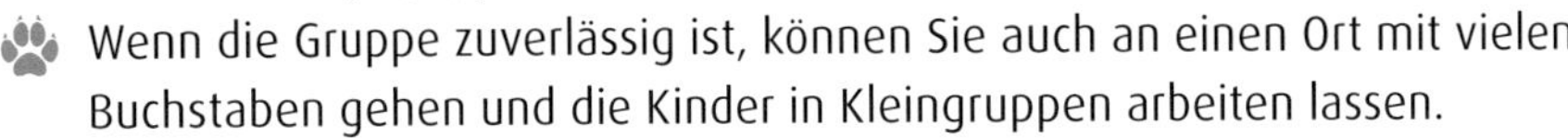

- Das Kind, das den Buchstaben gefunden hat, bekommt einen Punkt. Wer am Ende die meisten Punkte hat, hat gewonnen.

Hintergrund

Durch die Erkundung der Umgebung lernen die Kinder nicht nur ihre Schule besser kennen, sondern entwickeln auch ein Bewusstsein für ihre weitere Umgebung. Dies hilft den Kindern, ihren eigenen Lebensraum besser zu verstehen und zu schätzen. Der gemeinsame Spaziergang ermöglicht es den Kindern, wichtige soziale Fähigkeiten zu entwickeln. In der Gruppe lernen sie, zusammenzuarbeiten, aufeinander zu hören und als Team zusammenzuhalten. Diese Fähigkeiten sind nicht nur für das schulische Umfeld wichtig, sondern tragen auch zur sozialen Entwicklung im Alltag bei.
Neben dem Erkennen von Buchstaben fördert die Aktivität auch das räumliche Verständnis der Kinder. Sie lernen nicht nur, sich in ihrer Umgebung zu orientieren, sondern auch, wie verschiedene Orte miteinander verbunden sind. Das stärkt ihr räumliches Denken.

Während des Spaziergangs kann man den Kindern wichtige Orte, wie Spielplätze oder Freizeiteinrichtungen, zeigen, denn viele Kinder kennen nur den direkten Weg von zu Hause zur Schule und zurück.
Durch die Verbindung von Buchstabenerkennung und praktischen Erfahrungen fördern wir nicht nur das akademische Wissen, sondern auch die sozialen und emotionalen Kompetenzen der Kinder. Dieser Ansatz trägt dazu bei, ein abwechslungsreiches Lernumfeld zu schaffen, in dem die Kinder nicht nur Wissen sammeln, sondern auch lebenspraktische Fähigkeiten entwickeln können.

ABC Stopptanz

Ziel: Buchstaben erkennen, Konzentrationsfähigkeit, Reaktionsschnelligkeit, Regeln einhalten

Ort: überall

Material: selbst erstellte Buchstaben-Karten auf A4-Blättern, Musik

Dauer: etwa 5 Minuten

Ablauf

Dieses Spiel funktioniert ähnlich wie der Stopptanz: Sobald die Musik stoppt, müssen die Kinder aufhören, zu tanzen, und sich auf eine Buchstaben-Karte stellen.

1. Erstellen Sie mit den Kindern zusammen die Buchstaben-Karten, ein großer Buchstabe pro DIN-A4-Seite.
2. Verteilen Sie mit den Kindern die Buchstaben-Karten auf dem Boden.
3. Tanzen Sie mit den Kindern durch den Raum. Achten Sie gemeinsam mit den Kindern darauf, dass nicht alle nur im Kreis tanzen, sondern möglichst durcheinander wie in der Übung „Buchstabenspaziergang".
4. Stoppen Sie die Musik und gehen Sie schnell zu einem Buchstaben, fordern Sie die Kinder auf, sich ebenfalls zu einem Buchstaben zu stellen.
5. Wenn alle einen Buchstaben gefunden haben, sagen die Kinder ihren Buchstaben nach der ABC-Reihenfolge laut auf – beginnend mit dem Buchstaben, der dem A am nächsten liegt.
6. Wenn alle den Buchstaben richtig genannt haben, geht die Musik wieder an und das Spiel geht weiter.

Varianten

- Ein Kind darf die Musik ein- und ausschalten.
- Das Kind, das zuletzt auf einen Buchstaben tritt oder ihn falsch benennt, scheidet aus.
- Man kann auch Buchstaben auslassen und nicht alle Karten auf den Boden legen, das erhöht die Schwierigkeit, wenn die Kinder die Buchstaben der Reihe nach benennen sollen.
- Nach jeder Runde nehmen die Kinder einen Buchstaben auf und legen ihn woanders hin.
- Die Kinder nennen zuerst den Buchstaben und dann ein Wort, das mit dem Buchstaben beginnt. Je nach Lerninhalt kann das auch ein Wort eines bestimmten Wortfeldes sein, wie Lebensmittel, Kleidungsstück oder Verb, Nomen ...
- Wenn die Kinder ihren Buchstaben gesagt haben, laufen sie zur Tafel oder zum interaktiven Whiteboard und schreiben ihn.

Hintergrund

Bei diesem Spiel, bei dem es um Aufmerksamkeit und Schnelligkeit geht, müssen die Kinder die Buchstaben so schnell wie möglich erkennen, wenn die Musik stoppt. Dabei trainieren sie die visuelle Wahrnehmung der Buchstaben. Die Verbindung von Bewegung und Lernen erleichtert die Informationsaufnahme. Durch das laute Aussprechen der Buchstaben üben die Kinder die richtige Aussprache.
Das Spiel fördert zusätzlich das Verständnis für die Reihenfolge des Alphabets, da die Kinder ihre Buchstaben nacheinander laut aussprechen, beginnend mit dem Buchstaben, der dem A am nächsten liegt.
Die Aktivität fördert außerdem die soziale Interaktion zwischen den Kindern, da sie sich gegenseitig auffordern, sich zu einem Buchstaben zu stellen und die Buchstaben gemeinsam laut auszusprechen.

Durch wiederholtes Spielen haben die Kinder die Möglichkeit, die Buchstaben immer wieder zu sehen, zu hören und auszusprechen, was zur Festigung des Gelernten beiträgt.

Buchstabenbingo

Ziel: Buchstaben erkennen, Reaktionsschnelligkeit, Regeln einhalten

Ort: im Klassenraum

Material: Buchstabenbingo-Karten (Downloadbereich → **M5**)

Dauer: etwa 10 Minuten

Ablauf

Beim Buchstaben-Bingo geht es darum, dass die Kinder die Buchstaben erkennen, benennen und auf ihrer Bingo-Karte eintragen.

1. Jedes Kind bekommt eine Bingokarte (→ **M5**). Gibt es mehr Kinder als Bingokarten, können die Kinder entweder ein Team bilden oder die Bingokarten werden doppelt verteilt.
2. Nennen Sie laut einen Buchstaben oder lassen Sie ihn über einen Zufallsbuchstabengenerator aus dem Internet auf der Tafel erscheinen. Notieren Sie sich am besten selbst, welche Buchstaben Sie in welcher Reihenfolge genannt haben.
3. Die Kinder suchen nun, ob sie diesen Buchstaben auf ihrer Bingokarte finden.
4. Wenn sie den Buchstaben gefunden haben, markieren sie ihn.
5. Nennen Sie nun den nächsten Buchstaben und notieren Sie sich diesen erneut selbst.
6. Wenn ein Kind eine Reihe von Buchstaben hat (egal ob vertikal, horizontal oder diagonal), ruft es laut: „Bingo!"
7. Das Kind liest dann die Buchstaben laut vor, dabei kontrollieren Sie, ob sie wirklich genannt wurden und alle in einer Reihe stehen.

Varianten

 Die Buchstaben werden nicht nur genannt, sondern auch angeschrieben.

- Die Buchstaben werden nur angeschrieben und ein Kind spricht den Buchstaben aus.

 Die Kinder sitzen in Kleingruppen und spielen das Spiel selbst, dabei wechseln sich die Kinder mit dem Ansagen der Buchstaben ab.

- Sagen oder zeigen Sie keinen Buchstaben, sondern nennen Sie ein Wort. Die Kinder markieren dann den Anfangsbuchstaben des Wortes. Bei der Auswahl der Wörter können Sie zuerst die Wörter aus der Buchstabentabelle nehmen, später dann auch andere, beispielsweise aus dem Wortfeld der aktuellen Lektion.

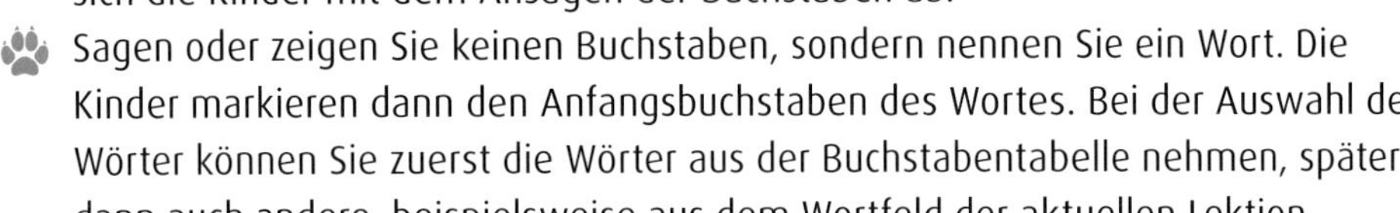

Hintergrund

Beim Buchstaben-Bingo trainieren die Kinder nicht nur das schnelle Erkennen und Benennen der Buchstaben, sondern auch ihre Konzentrationsfähigkeit oder Feinmotorik beim Markieren der Buchstaben.

Wenn Sie das Spiel in Kleingruppen durchführen, trainieren Sie auch Teamarbeit und eine positive Fehlerkultur, wenn ein Kind mal einen falschen Buchstaben ankreuzt. Sie üben auch, dass die Kinder über einen längeren Zeitraum aufmerksam und konzentriert sein müssen, wenn sie das Spiel gewinnen wollen.
Dieses Spiel ermöglicht den Kindern Erfolgserlebnisse, auch wenn sie noch ganz am Anfang des Deutschlernens stehen. Für dieses Spiel müssen sie nur die Buchstaben kennen.
Wenn die Kinder das Spiel beherrschen, kann es auch in Unterrichtssituationen eingesetzt werden, in denen einige Kinder mit ihren Aufgaben schneller fertig sind. Denn sie können es selbstständig spielen.

Achtung:
In den Downloadvorlagen sind Bingokarten mit 5 x 5 Kästchen angelegt – Sie können die Karten abhängig von der Lerngruppe aber auch auf 4 x 4 oder 3 x 3 anlegen. Dann dauert das Spiel nicht so lange.

3.

Buchstaben schreiben

Vom Hölzchen aufs Stöckchen

Ziel: Buchstaben schreiben, Kreativität, Feinmotorik, Konzentrationsfähigkeit, Teamfähigkeit

Ort: im Klassenraum auf dem Fußboden oder auf dem Schulhof

Material: Eisstiele aus dem Bastelladen oder Stöckchen

Dauer: etwa 10 Minuten

Ablauf

Für diese Übung, in der die Kinder die Buchstaben legen sollen, bringen Sie entweder Eisstiele aus dem Bastelladen mit oder Sie sammeln mit den Kindern selbst Stöckchen. Wenn die Kinder diese Übung schon einmal gemacht haben, haben sie auf dem nächsten Ausflug umso mehr Spaß, noch mehr und noch passendere Stöckchen zu sammeln.

1. Zu Beginn der Übung bestimmen Sie oder mit der Klasse zusammen, welche Buchstaben gelegt werden sollen. Gerade zu Anfang ist es sinnvoll, die Buchstaben zu wählen, die gerade oder vor kurzer Zeit eingeführt wurden. Sprechen Sie diese Buchstaben laut gemeinsam mit der Klasse.
2. Dann bitten Sie die Klasse, einen Kreis zu bilden, in dessen Mitte Sie auf dem Boden vormachen, wie mit den Stäbchen Buchstaben zu legen sind.
3. Sie sollten darauf achten, dass Sie den Kindern zeigen, wie groß Sie die Buchstaben haben möchten.
4. Wenn die Übung noch neu ist, macht es Sinn, hier etwas vorzugeben, z. B. jeder Buchstabe ist vier Stäbchen hoch.
5. Wenn die Kinder verstanden haben, wie sie die Buchstaben legen sollen, teilen Sie die Kinder in Gruppen ein. Je nach Gruppengröße empfiehlt sich eine Größe von zwei oder drei Kindern, damit auch alle etwas zu tun haben.
6. Wenn die Gruppen fertig sind, können Sie die Ergebnisse vergleichen. Es geht hier nicht darum, wer die besten Buchstaben hat (wobei: richtig sollten sie schon sein), sondern zu sehen und zu wertschätzen, zu welchen Lösungen die anderen Gruppen gekommen sind.
7. Alle Gruppen lesen ihr Ergebnis vor bzw. benennen die Buchstaben, die anderen Kinder sprechen nach.

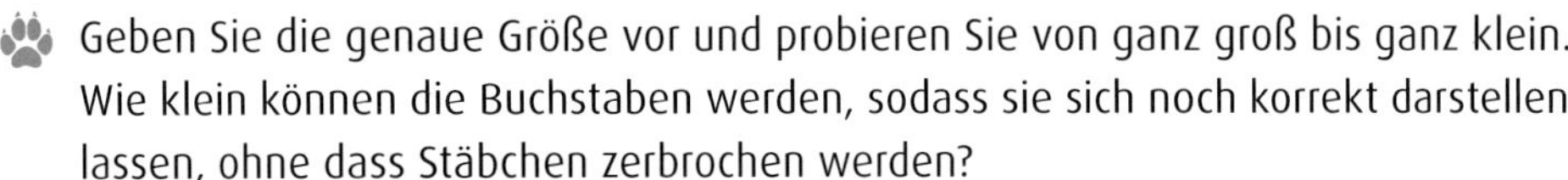

Varianten

- Geben Sie die genaue Größe vor und probieren Sie von ganz groß bis ganz klein. Wie klein können die Buchstaben werden, sodass sie sich noch korrekt darstellen lassen, ohne dass Stäbchen zerbrochen werden?
- Lassen Sie Teams im Wettbewerb antreten. Welche Kinder sind am schnellsten fertig?
- Lassen Sie die Kinder ihre Namen legen oder Wörter, die bereits bekannt sind.
- Geben Sie die Aufgabe, möglichst ähnliche Buchstaben zu bauen, z. B. E und F oder X und Y ...

Hintergrund

Wenn die Kinder die Buchstaben neu lernen, haben sie nicht immer sofort ein Verständnis über den Aufbau der Buchstaben. Mit den Stäbchen können gerade die haptisch Lernenden sich einen Zugang zu den Buchstaben schaffen. Schön ist, dass sich die Buchstaben ganz leicht korrigieren lassen, sodass man keine Spuren des Falschen mehr sieht, wie das beim Radiergummi vielleicht ist.
Achten Sie darauf, dass die Buchstaben mehr oder weniger gleich groß sind. Oft beginnen die Kinder in einer Größe und werden dann kleiner oder größer. Lassen Sie die Kinder mit den Größen experimentieren.

Sie können auch auf dem Boden mit Kreppband Linien – ähnlich wie im Schreibheft – vorgeben. Oder Sie schauen mit den Kindern, ob es natürliche, gerade Linien auf dem Fußboden gibt, wie Fugen oder Ähnliches. Bei dieser Übung kommen gerade die sonst stilleren Kinder zum Zuge, da sie sich hier nicht verbal äußern müssen, sondern einfach ausprobieren und legen können.

Buchstaben kneten

Ziel: Buchstaben schreiben, Feinmotorik, Kreativität

Ort: im Klassenraum oder Kunstraum

Material: Salzteig (Mehl, Wasser, Salz im Verhältnis 2:1:1, dazu noch 1–2 TL Pflanzenöl)
Wenn der Teig luftdicht verpackt wird, ist er ungefähr eine Woche im Kühlschrank haltbar.

Dauer: etwa 1 Stunde

Ablauf

Bereiten Sie den Salzteig vorher zu Hause vor. Machen Sie lieber eine etwas größere Menge, die Kinder lieben diese Übung.

1. Zeigen Sie den Kindern Salzteig und erklären Sie, woraus er besteht. Machen Sie deutlich, dass er sehr salzig ist und die Kinder diesen Teig nicht essen dürfen.
2. Führen Sie mit einem Stück Salzteig vor, wie man daraus Buchstaben formt: Teilen Sie ein kleines Stück ab und kneten Sie den Teig, bis er weich und geschmeidig ist.
3. Die Kinder schreiben ihren Namen auf ein Papier als Vorlage.
4. Geben Sie den Kindern den Salzteig.
5. Die Kinder arbeiten jetzt mit dem Salzteig und formen Buchstaben. Immer wenn ein Buchstabe geformt ist, wird er laut ausgesprochen.
6. Lassen Sie den Teig einen Tag trocknen, bevor er im Backofen gehärtet wird. Um sicherzugehen, dass die Salzteig-Elemente keine Risse bekommen, sollte man die Temperatur schrittweise erhöhen: zunächst eine Stunde auf 50–80°C, anschließend ca. 2 Stunden auf 120–150° C. Damit die Feuchtigkeit entweicht, können Sie ab und an die Backofentür öffnen.
7. Wenn der Teig im Backofen gehärtet und abgekühlt ist, können die Kinder ihn bemalen.

Varianten

- Um Energie zu sparen, können Sie die Salzteig-Elemente auch komplett an einem trockenen, warmen Ort an der Luft trocknen lassen. Je nach Dicke des Teiges kann es bis zu 3 Tage dauern.
- Statt des Namens des Kindes können Sie auch Namen der Eltern oder Geschwister formen lassen, so haben die Kinder ein Geschenk für zu Hause und die Familie hat teil an dem Lernen in der Schule.
- Die Kinder können statt ihres Namens auch das Alphabet formen. In diesem Fall ist es wichtig, dass die Buchstaben alle gleich groß sind. Sie können dazu Papier mit Hilfslinien ausgeben. Wenn die Buchstaben fertig sind, können sie in der Klasse weiter zur Alphabetisierung eingesetzt werden. Die Kinder freuen sich, wenn sie mit ihrem selbst hergestellten Material weiterarbeiten.
- Mit Lebensmittelfarben lässt sich der Salzteig unkompliziert einfärben.
- Vor Weinachten können Sie statt Salzteig auch Mürbeteig nehmen und mit den Kindern Buchstabenkekse backen. Sie können die Kinder auch ermutigen, Kekse in der Form zu backen, wie sie in ihrem Heimatland üblich sind. Es ist faszinierend, wie jedes Land ganz eigene typische Kekse hat.

Hintergrund

Es ist für die Kinder wichtig, dass sie einen Bezug zu den Buchstaben haben, die sie formen. Wenn Sie das erste Mal mit Salzteig arbeiten, lassen Sie die Kinder ihren Namen formen. Achten Sie mit den Kindern darauf, dass die Buchstaben gleich groß sind und dass Groß- und Kleinbuchstaben nicht durcheinandergehen.

Sie können den Kindern bei Bedarf auch ein Blatt mit Hilfslinien geben, wenn einige Kinder Schwierigkeiten haben, die Größe und Proportion richtig zu treffen.
In erster Linie steht hier aber der Spaß und das Fühlen im Vordergrund, lassen Sie den Kindern also gern auch etwas Freiraum.

Spuren im Sand

Ziel: Buchstaben schreiben, Feinmotorik, Kreativität, Teamfähigkeit

Ort: im Klassenraum oder im Sandkasten auf dem Schulhof

Material: eine Schale, ein Deckel von einem Kopierpapier-Karton, ein Backblech oder ähnliches mit feinem, trocknem Sand

Dauer: etwa 5–15 Minuten

Ablauf

In dieser Übung können die Kinder mit dem Finger Buchstaben im Sand malen und so die Buchstaben haptisch neu kennenlernen. Lassen Sie die Übung allein oder zu zweit machen.

1. Zeigen Sie den Kindern die Schale mit Sand und demonstrieren Sie, dass man vorsichtig und langsam arbeiten muss, sonst fällt der Sand aus der Schale.
2. Es geht nicht darum, schnell fertig zu sein, sondern es geht darum, den Buchstaben immer wieder und wieder zu üben, bis er richtig ist.
3. Sie können vorab Buchstaben auswählen, die die Kinder üben sollen, oder die Kinder üben die Buchstaben aus ihrem Namen. Wenn Sie Buchstaben vorgeben, können Sie diese Buchstaben als Vorlage zur Verfügung stellen.
4. Das Kind oder die Kinder üben jetzt den oder die Buchstaben, bis sie zufrieden sind, dann rufen die Kinder die Lehrkraft zur Kontrolle.
5. Das Kind malt jetzt den Buchstaben (oder eine Reihe von Buchstaben) vor und spricht ihn dabei laut aus.
6. Gemeinsam können Sie dann überprüfen, ob der oder die Buchstaben gut und korrekt ausgesprochen sind.
7. Wenn der Buchstabe noch nicht stimmt, zeigen Sie dem Kind, wie er sein soll oder in welcher Reihenfolge die Striche gemacht werden.

Varianten

- Mit Nähgarn und Klebefilm können Sie Hilfslinien spannen.
- Im Sommer kann die ganze Klasse draußen im Sandkasten üben.
- Ein Kind malt die Buchstaben, ein anderes Kind kontrolliert, bevor die Lehrkraft gerufen wird.
- Variieren Sie die Größe der Buchstaben: Wie klein geht es, dass es noch lesbar ist? Wie groß passt gerade noch in die Schale, sodass die Proportionen noch stimmen?

Hintergrund

Das Schreiben im Sand erfordert den Einsatz von Fingern und Händen, wodurch die Feinmotorik gefördert wird. Das Gefühl von Sand unter den Fingern sorgt für ein Sinneserlebnis, das das Lernen fördert. Kinder können die Beschaffenheit des Sandes spüren und dabei visuelle und taktile Reize einbauen.

Durch die körperliche Aktivität beim Schreiben auf Sand können sich Kinder Buchstaben besser merken. Die Möglichkeit, Buchstaben im Sand zu wiederholen, kann dazu beitragen, dass Kinder sich besser an die Formen und Reihenfolge der Buchstaben erinnern.
Ebenso können die Kinder ihre Buchstaben sofort verbessern, ohne dass man die Verbesserung sieht. Sie wischen einfach durch den Sand und malen den oder die Buchstaben neu.

Mit Wasser gemalt

Ziel: Buchstaben schreiben, Konzentrationsfähigkeit, Kreativität

Ort: draußen an einer Wand

Material: eine Wandfläche und ein Becher mit Wasser pro Kind

Dauer: etwa 10 Minuten

Ablauf

Diese Übung ist für den Sommer geeignet, am besten, wenn die Sonne ordentlich scheint. Die Kinder tupfen mit dem Finger die Buchstaben ihres Namens an eine Wand. Wenn die Sonne richtig scheint, ist das ein Wettlauf gegen die Zeit. Denn wenn der letzte Buchstabe getupft ist, ist der erste vielleicht schon weggetrocknet. Ziel ist, dass der ganze Name oder das ganze Wort zu lesen ist.

1. Die Kinder dürfen draußen eine geeignete Wand aussuchen. Probieren Sie ruhig verschiedene Wände aus.
2. Machen Sie an der Wand vor, wie mit der Fingerspitze und Wasser die Buchstaben getupft werden. Sprechen Sie dabei den Buchstaben mit.
3. Die Buchstaben sollen nicht mit Strichen gemalt werden, auch wenn das schneller geht.
4. Wenn der erste Buchstabe schon wieder eingetrocknet ist, wenn Sie den letzten tupfen, „reparieren" Sie schnell den ersten Buchstaben.
5. Bei Bedarf können Sie pro Kind ein Feld an der Wand mit Kreide abteilen.
6. Wenn die Kinder die Übung verstanden haben, füllen Sie das Wasser in die Becher der Kinder und die Übung beginnt.
7. Die Kinder sprechen jeden Buchstaben, den sie getupft haben, laut aus.

Varianten

- Wenn ein Kind das Wort oder den Namen fertig hat, können Sie ein Foto davon machen.
- Sie können Wortkarten austeilen als Vorlage, passend zum jeweiligen Wortfeld, das die Kinder lernen.
- Die ganze Klasse kann in Teamwork das Alphabet an die Wand tupfen. Dazu teilen Sie vorher jedem Kind eine entsprechende Anzahl von Buchstaben zu, für die es verantwortlich ist.
- Gemeinsam können die Kinder auch den Namen der Schule an die Wand tupfen.
- Diese Übung lässt sich später, wenn die Kinder schöne Ergebnisse erzielen, auch mit Fingerfarbe auf Papier oder an der Fensterscheibe wiederholen.

Hintergrund

Durch das Tupfen mit der Fingerspitze bekommen die Kinder noch einmal ein neues Verhältnis zu dem Aufbau und den Proportionen der Buchstaben. Normalerweise sind sie ja gewöhnt, die Buchstaben mit Linien zu schreiben. In dieser Übung müssen die Kinder sich den Aufbau der Buchstaben noch einmal anders erarbeiten. Achten Sie bei dieser Übung darauf, dass die Tupf-Richtung der normalen Schreibrichtung entspricht, damit die Kinder sich nicht etwa eine falsche Reihenfolge angewöhnen.

Die Kinder lernen bei dieser Übung zusätzlich, dass es wichtig ist, umsichtig zu arbeiten, damit der Wasserbehälter nicht umfällt und ausläuft. Trotzdem sollten Sie ausreichend Wasser zum Nachfüllen dabeihaben und am besten einen Tag mit T-Shirt-Wetter wählen, denn ganz trocken kann diese Übung nicht ablaufen, besonders wenn die Kinder als Großgruppe zusammenarbeiten.

Buchstaben-Stickerei

Ziel: Buchstaben schreiben, Feinmotorik, Konzentrationsfähigkeit, Kreativität

Ort: im Klassenraum oder Kunstraum

Material: Stopfnadeln und Faden pro Kind, Papiere evtl. mit vorab aufgezeichneten Buchstaben und/oder Wörtern

Dauer: etwa 15 Minuten

Ablauf

Bei dieser Übung nähen die Kinder Buchstaben, die auf Papier vorgezeichnet sind. Nehmen Sie Stopfnadeln, denn diese sind größer und nicht ganz so spitz wie Nähnadeln. Üben Sie mit den Kindern das Einfädeln des Fadens, denn auch dies trainiert die Feinmotorik und die Kinder sind stolz und haben ein Erfolgserlebnis, wenn es ihnen gelingt.

1. Sie können vorgemalte Buchstaben oder Wörter austeilen oder die Kinder selbst Wörter und Buchstaben malen lassen. Achten Sie darauf, dass die Buchstaben am Anfang groß sind, später können die Buchstaben auch kleiner werden.
2. Demonstrieren Sie den Kindern (evtl. auch über ein Video) den „Heftstich". Dabei ist der Faden immer ein Stück auf der Oberfläche des Papiers und ein Stück auf der Unterseite. Die Abstände sollen dabei jeweils gleich groß sein.
3. Nun sticken die Kinder selbstständig ihre Buchstaben.
4. Ist das Papier fertig bestickt, sprechen die Kinder den oder die Buchstaben laut aus und präsentieren ihre Werke im Klassenraum.

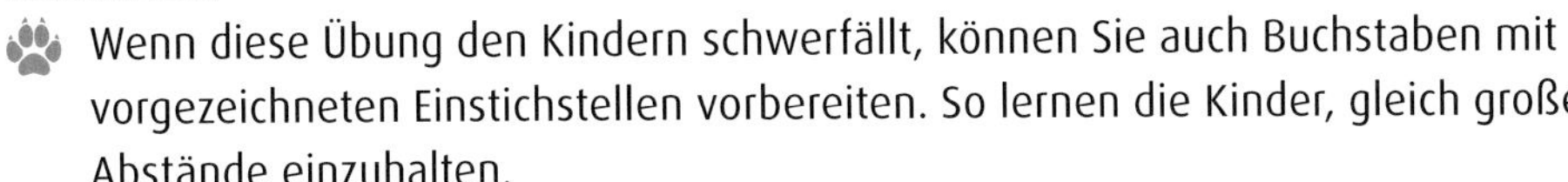

Varianten

- Wenn diese Übung den Kindern schwerfällt, können Sie auch Buchstaben mit vorgezeichneten Einstichstellen vorbereiten. So lernen die Kinder, gleich große Abstände einzuhalten.
- Zeigen Sie den Kindern weitere Stichmuster, wie Steppstich, Punktstich, Kreuzstich ...

Hintergrund

Durch das Nähen der Buchstaben entstehen kleine Kunstwerke, die in der Klasse ausgehängt und dadurch langfristig gewürdigt werden können.
Wenn die Kinder die Buchstaben nachnähen, wird die Entwicklung der Feinmotorik gefördert und die Hand-Auge-Koordination verbessert, da Kinder präzise Bewegungen ausführen müssen.

Durch das Nähen üben sie die Grundformen und Strukturen der Buchstaben.
Dies unterstützt zusätzlich die visuelle Wahrnehmung und fördert das Verständnis für Buchstabenformen.
Während des Nähens können Kinder auch die richtige Schreibrichtung der Buchstaben weiter üben.
Wenn Kinder den gezeichneten Buchstaben nähen, sollten sie den Buchstaben laut aussprechen und so die Phonem-Graphem-Korrespondenz trainieren.
Beim Nähen der Buchstaben trainieren die Kinder, sich zu konzentrieren, da sie genau den vorgegebenen Linien folgen müssen.

Schattenmalerei

Ziel: Buchstaben schreiben, Feinmotorik, Konzentrationsfähigkeit

Ort: im Klassenraum oder im Herbst und Winter draußen

Material: Handys oder Taschenlampen

Dauer: etwa 10 Minuten

Ablauf

Diese Übung eignet sich besonders für den Herbst oder Winter, wenn es morgens noch dunkel ist. Ansonsten können Sie den Raum auch einfach verdunkeln.

1. Für diese Übung benötigen Sie die Taschenlampe oder ein Handy. Schalten Sie die Lampe ein. Achten Sie darauf, dass Sie nahe genug an der Wand stehen, da der Lichtkegel sonst zu stark streut.
2. Malen Sie nun mit dem Licht der Lampe einen Buchstaben an die Wand und sprechen Sie den Buchstaben aus, damit die Kinder verstehen, was Sie meinen.
3. Malen Sie dann den nächsten Buchstaben an die Wand und lassen Sie die Kinder den Buchstaben laut benennen. In fortgeschrittenen Gruppen können Sie auch die Namen der Kinder oder bekannte Wörter aufschreiben, die die Kinder Buchstabe für Buchstabe benennen.
4. Als Nächstes teilen Sie die Kinder in Kleingruppen zu zweit oder zu dritt ein und weisen ihnen ein Wandstück zu.
5. Die Kinder können nun selbstständig mit der Taschenlampe Buchstaben und Wörter an die Wand zeichnen, die von den anderen Kindern der Gruppe laut ausgesprochen werden.

Varianten

- Wenn es draußen noch dunkel ist, können Sie die Buchstaben auch auf die Fensterscheibe des Klassenraums leuchten.
- Geben Sie den Kindern Wortkarten mit Wörtern des aktuellen Wortfeldes, sodass diese die Wörter weiter üben.
- Ein Kind kann vor der ganzen Gruppe die Buchstaben malen und der Rest der Gruppe liest die Buchstaben vor.
- Im Winter oder Herbst kann diese Übung auch draußen durchgeführt werden.
- Wenn die Fernbedienung ihres digitalen Whiteboards einen Laserpointer hat, können Sie auch den benutzen.
- Die Zuschauenden können auch die Aufgabe bekommen, die Buchstaben, die sie erkennen, auf ein Papier zu schreiben, so können ganze Wörter geübt werden.

Hintergrund

Beim Zeichnen der Buchstaben mit der Lampe üben die Kinder ihr räumliches Denken, da sie die Buchstaben mit der Lampe für die anderen Kinder groß zeichnen. Bei dieser Übung lernen die Kinder, die Buchstaben visuell zu erkennen, was das Verständnis und die Unterscheidung der Buchstabenformen schult.
Wenn die Kinder die Buchstaben auf Papier schreiben, trainiert dies auch die Hand-Augen-Koordination, da die Kinder den Bewegungen der Taschenlampe folgen und gleichzeitig die Linien auf dem Papier nachzeichnen müssen.

Außerdem können die Kinder ihre Konzentration und Aufmerksamkeit verbessern, da sie aufmerksam sein müssen, um die Buchstaben richtig zu erkennen: Die Arbeit in einem dunklen Raum erfordert eine erhöhte Konzentration. Die Kinder müssen aufmerksam sein, um die Schatten genau beobachten und entsprechend nachzeichnen zu können.

Kreide auf dem Schulhof

Ziel: Buchstaben schreiben, Konzentrationsfähigkeit, Kreativität

Ort: auf dem Schulhof

Material: (Straßen-)Kreide

Dauer: etwa 10–20 Minuten

Ablauf

Als Kinder haben wir alle noch mit Kreide oder Malsteinen auf der Straße gemalt. Im digitalen Zeitalter begegnen wir der Kreide immer seltener. Sogar in der Schule ist die Kreide gegenüber der digitalen Tafel auf dem Rückzug. Diese Übung bringt die Kreide zurück!

1. Gehen Sie mit den Kindern auf den Schulhof. Vielleicht können Sie eine Wand des Schulgebäudes beschreiben? Dort bleiben die Buchstaben bis zum nächsten Regen erhalten.
2. Verteilen Sie Kreide an die Kinder.
3. Lassen Sie die Kinder Buchstaben auf den Schulhof malen und dabei laut sprechen.
4. Gemeinsam mit den anderen Kindern können Sie anschließend die Buchstabenkunstwerke vorlesen, bestaunen und würdigen.

Varianten

- Die Kinder schreiben ihren Namen.
- Die Kinder schreiben das Alphabet.
- Das Alphabet kann rückwärtsgeschrieben werden.
- Zwei Kinder schreiben immer abwechselnd einen Buchstaben des ABC.
- Geben Sie den Kindern vorbereitete Wortkarten, die zusammen einen Satz ergeben.
- Die Kinder können fantasievolle Buchstaben malen – solange sie in etwa den korrekten Proportionen entsprechen.
- Jedes Kind bekommt einen oder zwei Buchstaben und darf diese richtig groß malen, sodass zusammen das Alphabet auf dem Schulhof entsteht.
- Wie klein lassen sich Buchstaben mit Kreide noch malen, dass sie noch erkennbar sind?

Hintergrund

Viele Kinder haben wenig oder keine Erfahrung mit Kreide, besonders dann, wenn sie noch nie eine Schule besucht haben. Einigen müssen Sie vorab erklären, dass Kreidestaub sich ganz leicht aus der Kleidung klopfen lässt, es also keine Gefahr gibt, sich schmutzig zu machen.
Manchmal fehlt es den Kindern an Fantasie oder Erfahrung beim Malen mit Kreide, sodass man den Kindern, die schnell fertig sind und keine eigenen Ideen mehr haben, andere Aufgaben geben kann.
Bei Gruppen, die noch ganz am Anfang stehen, bietet es sich an, den Kindern Wortvorlagen oder das Alphabet in der richtigen Reihenfolge aufzuschreiben, damit sie sich ganz auf das Malen konzentrieren können und nicht aufhören, weil ihnen der nächste Buchstabe nicht einfällt.
Bei dieser Übung üben die Kinder das visuelle Erkennen von Buchstaben, indem sie diese auf den Schulhof malen und so ihr Verständnis für Buchstabenstrukturen und -formen schulen. Außerdem werden die Hand-Augen-Koordination und die Feinmotorik geschult. Wenn die Kinder die Buchstaben sehr groß schreiben, verbessern sie zudem ihr räumliches Vorstellungsvermögen, da sie darauf achten müssen, die Buchstaben richtig zu positionieren und anzuordnen.
Das Malen der Buchstaben, besonders wenn sie fantasievolle Varianten entwickeln dürfen, fördert zusätzlich ihren künstlerischen Ausdruck.

Buchstaben hüpfen

Ziel: Buchstabenverständnis, Buchstaben benennen, motorische Fähigkeiten, räumliches Bewusstsein

Ort: im Klassenraum oder auf dem Schulhof

Material: Kreide oder Kreppband

Dauer: etwa 10 Minuten

Ablauf

Diese Übung lässt die Kinder die Buchstaben haptisch erfahren. Sie eignet sich gerade bei der Einführung der Buchstaben und hilft, die Schreibrichtung zu trainieren. Sollten Sie diese Übung in Klassenraum machen, räumen Sie Tische und Stühle beiseite, um Platz zu schaffen. Markieren Sie dann den Raum, in dem die Buchstaben gehüpft werden sollen.
Wenn es zur Gruppe passt, können Sie auch mit Kreppband Hilfslinien auf dem Boden markieren, draußen könnten Sie die Buchstaben mit Kreidestrichen markieren.

1. Geben Sie einen Buchstaben vor und lassen Sie das erste Kind den Buchstaben hüpfen und bei jedem Hüpfer den Buchstaben aussprechen. Sie können auch die ganze Gruppe den Buchstaben mitsprechen lassen.
2. Achten Sie darauf oder lassen Sie die anderen Kinder darauf achten, dass in korrekter Schreibrichtung gehüpft wird.
3. Wenn ein Kind den Buchstaben falsch oder nicht in der korrekten Schreibrichtung hüpft, kann ein anderes Kind den Buchstaben „richtig hüpfen". Danach hüpft das erste Kind dann den Buchstaben ein zweites Mal.

Varianten

- Geben Sie einem Kind eine Karte mit einem Buchstaben, das Kind hüpft den Buchstaben, die anderen Kinder sagen, welchen Buchstaben sie erkannt haben.
- Wenn die Gruppe etwas mit der Übung vertraut ist, können Sie die Hilfslinien weglassen und nur noch den Raum markieren, in dem gehüpft wird.
- Wenn Sie die Möglichkeit haben, draußen diese Übung zu machen, wählen Sie einen sehr großen Raum, damit die Kinder in großen Dimensionen denken und hüpfen.
- Lassen Sie die Kinder zu zweit oder zu dritt hüpfen.
- Sie können die Kinder einfache Wörter hüpfen lassen, die die anderen Kinder dann erkennen müssen.
- Die Kinder können auch auf einem Bein oder rückwärtshüpfen.

Hintergrund

Hüpfen ist für viele Kinder eine ungewohnte Fortbewegungsmöglichkeit. Nutzen Sie diese Bewegung, denn Hüpfen erfordert für Kinder eine extra Portion Konzentration, die sie dann die Form und Lage der Buchstaben erinnern lässt.
Achten Sie zusammen mit den Kindern darauf, dass die Buchstaben immer in der richtigen Richtung gehüpft werden, so prägt sich die Schreibrichtung über das Hüpfen ein. Für haptische Lernende funktioniert diese Übung deshalb besonders gut.
Im Sinne des bewegten Lernens fördert diese Übung die Konzentration der Kinder. Sie können, wenn die Kinder mit der Übung vertraut sind, bei Bedarf auch einzelne Kinder zum Buchstabenhüpfen rausschicken.

So eine kurze bewegte Pause, die mit sinnvoller Aktivität gefüllt ist, verringert die Müdigkeit und erhöht die geistige Leistungsfähigkeit. Außerdem unterstützt Bewegung beim Lernen die Informationsspeicherung.

ABC, die Kinder laufen im Schnee

Ziel: Buchstabenverständnis, Buchstaben schreiben und benennen, räumliches Bewusstsein

Ort: auf dem Schulhof im Winter im Schnee

Material: Schnee

Dauer: etwa 15 Minuten

Ablauf

Diese Übung funktioniert nur, wenn es frisch geschneit hat.

1. Suchen Sie auf dem Schulhof oder einem anderen größeren Platz ein Stück unberührten Schnee.
2. Suchen Sie gemeinsam mit den Kindern für jedes Kind ein eigenes Stück Schnee aus, möglichst 2x5 Meter.
3. Führen Sie die Übung vor, indem Sie mit Ihrem eigenen Namen beginnen und durch den Schnee stapfen.
4. Zeigen Sie den Kindern, dass sie nach jedem Buchstaben einen kleinen Sprung machen müssen, damit die Buchstaben nicht ineinander verschmelzen.
5. Für Kinder, die ihren Namen nicht auswendig kennen, schreiben Sie ihn auf einen Zettel.
6. Alle anderen Kinder können direkt anfangen, ihren eigenen Namen in den Schnee zu stapfen.
7. Nach Abschluss der Übung lesen alle Kinder gemeinsam laut die Buchstaben im Schnee vor.

Varianten

- Die Kinder können das Alphabet in den Schnee stapfen.
- Es können Vor- und Nachname geschrieben werden.
- Die Kinder können auch die Namen von Freundinnen, Freunden oder Familienmitgliedern in den Schnee treten.
- Wenn es den Kindern schwerfällt, Buchstaben in den Schnee zu treten, können Sie auch als Vorübung alle in einer Reihe durch den Schnee laufen, wobei alle in der vorgegebenen Reihe bleiben sollen.
- Diese Variante lässt sich noch steigern, wenn die Kinder genau in die Fußabdrücke der vorhergehenden Kinder treten sollen.

Hintergrund

Je nachdem, aus welchem Land die Kinder kommen, haben sie noch nie richtigen Schnee gesehen. Insofern eignet sich diese Übung, um zu zeigen, dass man mit Schnee spielen und Spaß haben kann.
Ansonsten lernen die Kinder durch das Stapfen der Buchstaben im Schnee nicht nur die Form der Buchstaben visuell kennen, sondern erfahren auch die Bewegung und den körperlichen Aspekt des Lernens.
Das Stapfen erfordert auch präzise Bewegungen, um die Buchstaben deutlich voneinander zu trennen, was die Feinmotorik fördert.
Diese Übung aktiviert alle Kinder und die Ergebnisse sind direkt sichtbar, was zu Erfolgserlebnissen führt.

Wenn die Kinder die Übung gemeinsam durchführen, können sie auch die Namen ihrer Freunde und Freundinnen in den Schnee zeichnen. Dies fördert die Zusammenarbeit und das soziale Miteinander. Das Stampfen der Buchstaben in den Schnee fördert zudem die räumliche Orientierung der Kinder, da sie immer im Auge behalten müssen, wo sie sich im Verhältnis zu den anderen Buchstaben befinden. Gerade dies kann für Kinder schwierig sein, hier können Sie unterstützen, indem Sie die Buchstaben gemeinsam mit dem Kind laufen.

Buchstaben-Rallye

Ziel: Buchstaben erkennen und schreiben, Teamwork, Aufmerksamkeit

Ort: auf dem Schulhof oder in der Schulumgebung

Material: Schreibunterlage, Stifte, „Buchstaben-Rallye"-Kopiervorlage (Downloadbereich ➔ **M6**)

Dauer: etwa 45 Minuten

Ablauf

Gehen Sie mit den Kindern auf den Schulhof oder machen Sie einen kleinen Spaziergang durch die Nachbarschaft. Die Idee dieser Übung ist es, die Neugier der Kinder auf ihre Umgebung zu wecken und sie zu ermutigen, die Welt um sich herum zu lesen. Die Kinder sollen Wörter suchen, die auf Straßenschildern, Aufklebern, Hauswänden, Plakatwänden, Litfaßsäulen, Hinweistafeln oder so ähnlich stehen.

1. Alle Kinder nehmen das Arbeitsblatt (➔ **M6**), eine Schreibunterlage und einen Stift mit.
2. Gehen Sie mit den Kindern raus, suchen Sie gemeinsam auf entsprechenden Schildern, Aushängen, Aufklebern o. Ä. nach den Wörtern. Diese werden dann in die entsprechende A–Z Zeile auf dem Arbeitsblatt eingetragen.
3. Die Kinder können sich, wenn es die Gruppe zulässt, in Kleingruppen aufteilen und auf Buchstabenjagd gehen. Jedes Kind muss ein eigenes Arbeitsblatt ausfüllen.
4. Als Lehrkraft können Sie das Spiel steuern, indem Sie einen geeigneten Ort vorgeben und/oder auf passende Wörter in der Umgebung aufmerksam machen.
5. Helfen Sie bei den selteneren Buchstaben.
6. Je nach Lernstand sollen die Kinder die gefundenen Wörter auch vorlesen.

Varianten

- Je nach Zusammensetzung und Fortschritt der Gruppe kann festgelegt werden, dass beispielsweise nur Nomen oder Verben aufgeschrieben werden dürfen.
- Wenn eine Gruppe schneller fertig ist als eine andere, darf sie noch – soweit möglich – Bilder zu den Wörtern malen.
- Unterwegs oder auch später im Klassenraum können die Kinder die gefundenen Wörter in ihre Sprache übersetzen.

Hintergrund

Viele Kinder bewegen sich eher blind durch ihre Umgebung, weil ihnen die Buchstaben und Wörter unbekannt sind. Mit dieser Übung wecken Sie die Neugier der Kinder auf ihre Umgebung. Viele Kinder kennen nur ihr Zuhause, den Schulweg und die Schule, sie sind selten an neuen Orten. Mit dieser Übung können Sie die Umgebung der Schule praktisch erkunden. An einem Tag gehen sie vielleicht auf einen Spielplatz, an einem anderen Tag in eine Einkaufsstraße. Überall finden sich Wörter, die je nach Ort sehr unterschiedlich sind.
Bei dieser Übung üben die Kinder das Erkennen von Buchstaben, indem sie gezielt nach Wörtern suchen, die mit jedem Buchstaben des Alphabets beginnen. Dabei entdecken sie neue Wörter in ihrer Umgebung, die mit den Buchstaben des Alphabets beginnen, was zur Erweiterung ihres Wortschatzes beiträgt.
Durch die Aufteilung in Kleingruppen werden die Kinder ermutigt, zusammenzuarbeiten, Ideen auszutauschen und sich gegenseitig beim Finden von Wörtern zu unterstützen. Dies fördert soziale Fähigkeiten und Teamarbeit.

Außerdem entwickeln die Kinder ein Bewusstsein für die Details in ihrer Umgebung, da sie nach Wörtern suchen, die mit bestimmten Buchstaben beginnen. Dies fördert die Aufmerksamkeit für Einzelheiten, eine wichtige Fähigkeit für das Lesen und Schreiben. Da jedes Kind sein eigenes Arbeitsblatt hat und dafür verantwortlich ist, Wörter zu finden und aufzuschreiben, wird die Selbstständigkeit und Eigenverantwortung der Kinder im Lernprozess trainiert.

Wir sind das ABC

Ziel: Buchstabenverständnis, räumliches Bewusstsein, Teamwork, einander wahrnehmen und unterstützen

Ort: frei im Klassenraum oder auf dem Schulhof

Material: ggf. Buchstabenkärtchen (Downloadbereich → **M9**)

Dauer: etwa 10 Minuten

Ablauf

Bei dieser Übung bilden die Kinder mit ihren Körpern das ABC nach.

1. Bitten Sie zwei Kinder nach vorn und stellen Sie sie so auf, dass ihre Körper ein A bilden, dann ein B und vielleicht noch ein C. So sehen die Kinder, wie die Übung funktioniert. Als Hilfestellung können Sie auch ggf. die Buchstabenkarten aus dem Download (→ **M9**) einsetzen.
2. Bilden Sie nun Gruppen von drei oder vier Kinder und teilen Sie das Alphabet so auf, dass jede Gruppe vier oder fünf Buchstaben erhält. Schreiben Sie diese ggf. vorher auf Kärtchen.
3. In ihren Gruppen erarbeiten die Kinder nun die ihnen zugeteilten Buchstaben.
4. Der Rest der Klasse gibt Rückmeldungen zu den Buchstaben.
5. Sie können die gleichen Buchstaben auch mehrmals zuordnen und so die Ergebnisse vergleichen.
6. Wenn die Kinder in etwa verstanden haben, wie das Spiel funktioniert, können Sie den Gruppen Wörter aus dem aktuellen Wortfeld oder Namen von Kindern geben, die sie vor der Klasse präsentieren sollen.
7. Der Rest der Klasse muss dann das Wort entschlüsseln und laut aussprechen.

Varianten

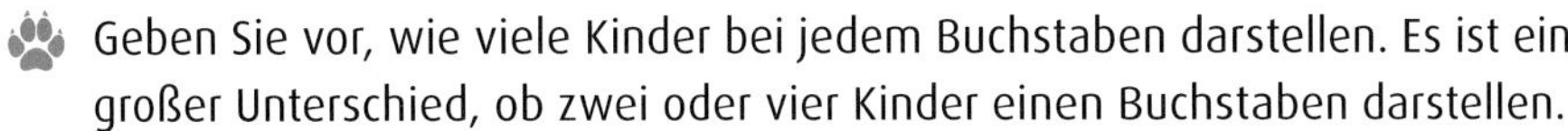
- Geben Sie vor, wie viele Kinder bei jedem Buchstaben darstellen. Es ist ein großer Unterschied, ob zwei oder vier Kinder einen Buchstaben darstellen.

- Wenn die Gruppe gut miteinander vertraut ist, können die Kinder die Buchstaben auch nur mit bestimmten Körperteilen darstellen, z. B. nur Arme, nur Beine oder nur Finger.

Hintergrund

Bei dieser Übung lernen die Kinder auf kreative und körperliche Weise das Alphabet kennen. Wenn sie die verschiedenen Buchstaben mit dem Körper darstellen, sind sie auf einer noch näheren Ebene an dem Prozess der Buchstabenerstellung dran, als wenn sie die Buchstaben z. B. aus Gegenständen erstellen.
Da die Körperwahrnehmung nicht bei allen Kindern stark ausgeprägt ist, gibt es hier noch einmal eine ganz andere Möglichkeit, sich und die Buchstaben zu entdecken. Durch das Formen von Buchstaben mit dem Körper entsteht eine physische Verbindung mit den Buchstaben, die deren Erinnerung erhöht.

Diese Übung fördert auch Teamarbeit und Zusammenarbeit, da Kinder in Gruppen arbeiten und sich gegenseitig unterstützen müssen. Feedback ermöglicht es den Kindern, von Gleichaltrigen zu lernen und sich gegenseitig zu unterstützen. Durch die Dekodierung der vorgestellten Wörter können andere Kinder ihr Leseverständnis und ihre Auffassungsgabe verbessern und gleichzeitig kann die Teamarbeit und den Spaß am Lernen fördern.

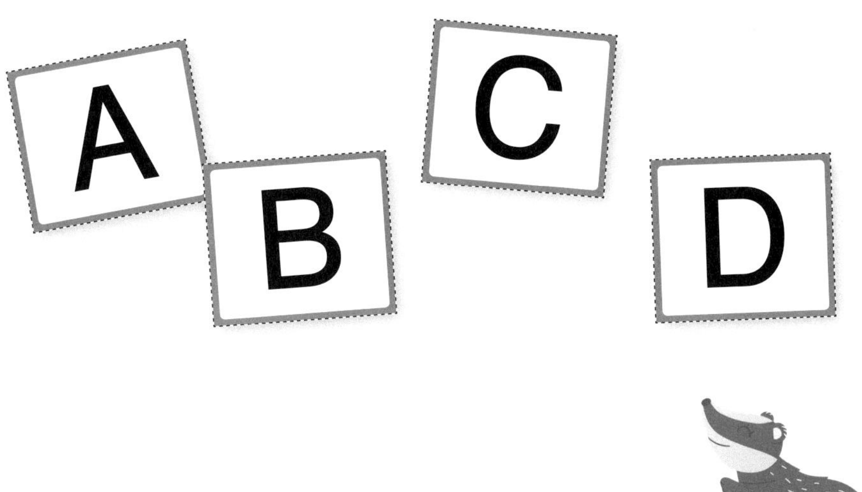

4.

ABC lernen

Buchstabentabelle

Ziel: das Alphabet kennenlernen

Ort: im Klassenraum am Platz

Material: verschiedene Versionen der Buchstabentabellen (mit Wörtern und Bildern, nur Bilder, nur Wörter) sowohl in bunt als auch in schwarz-weiß (Downloadbereich ➔ **M7**), ggf. Lied „A wie Apfel, B wie Ball" (Downloadbereich ➔ **M12**)

Dauer: etwa 10 Minuten

Ablauf

Diese Buchstabentabelle soll nicht die normale Anlauttabelle ersetzen, sie wendet sich an Kinder, welche die Buchstaben schon beherrschen und jetzt die alphabethische Reihenfolge lernen.

1. Präsentieren Sie die Buchstabentabellen (➔ **M7**) (evtl. auch über das digitale Whiteboard).
2. Die Kinder benennen die Bilder, die sie schon kennen.
3. Wenn ein Bild den Kindern unbekannt ist, können Sie es benennen.
4. Teilen Sie die Buchstabentabellen als Kopie aus und wiederholen Sie mit den Kindern die verschiedenen Begrifflichkeiten.
5. Als nächsten Schritt, der an einem nächsten Tag stattfinden kann, geben Sie die Buchstabentabellen ohne Bilder an die Kinder aus und lassen diese die Bilder malen.
6. An einem weiteren Tag geben Sie die Buchstabentabellen ohne Wörter aus und lassen die Kinder diese schreiben.

Varianten

- Singen Sie mit den Kindern das Lied aus dem Downloadbereich (→ **M12**).
- Sammeln Sie kleine Figuren der Gegenstände und nutzen Sie diese statt der Bildkarten.
- Die Kinder können die Buchstabentabellen ohne Wörter zerschneiden und die Wörter auf die Rückseite schreiben.
- Laminieren Sie die Buchstabentabellen und schneiden Sie die einzelnen Kästchen aus.

Hintergrund

Im Gegensatz zu Anlauttabellen, mit denen die Kinder die Lautbilder der Buchstaben erlernen, geht es hier darum, die Reihenfolge des Alphabets zu erlernen.
Da die Lerngruppen in der Regel stark heterogen sind, gibt es immer Kinder, welche die Buchstaben schon kennengelernt haben. Diese Buchstabentabelle kann den Kindern helfen, den Übergang von der Anlauttabelle zum Alphabet mit den Buchstaben in seiner Reihenfolge zu üben, wie sie es später bei der Wörterbucharbeit benötigen.

Besonders das Lied „A wie Apfel" (→ **M12**) hilft, sich die Reihenfolge einzuprägen. Die Begriffe dieser Buchstabentabelle wurden von Kindern einer Basisklasse ausgewählt. Es sind alles Begriffe, die möglichst nah an der Lebenswelt der Kinder sind, wie z. B. Körperteile oder Tiere.

M 8

Buchstabentabelle

Apfel	Ball	Computer	Delfin
Elefant	Fisch	Giraffe	Hund
Igel	Jacke	Kind	Lampe
Maus	Nashorn	Ohr	Pinguin
Qualle	Roboter	Sonne	Tee
Uhr	Vogel	Wal	Xylophon
Yoga	Zahn		

RATZFATZ DaZ

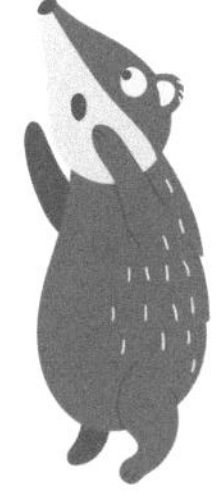

Immer nacheinander

Ziel: Reihenfolge des Alphabets üben, Konzentrationsfähigkeit, Teamwork

Ort: im Kreis stehen oder sitzen

Material: –

Dauer: etwa 5 Minuten

Ablauf
Für diese Übung wählen Sie so viele Buchstaben aus, wie Kinder da sind. Zu Anfang sollten die Gruppen maximal aus acht Kindern bestehen, ggf. müssen Sie dafür Ihre Klasse in Kleingruppen einteilen.
Sie können die Anzahl der Buchstaben/Kinder danach langsam steigern. Wenn acht Kinder da sind, wählen Sie die ersten neun Buchstaben des Alphabets aus, da Sie selbst mit dem A starten, also A–I.

1. Visualisieren Sie zunächst die Buchstaben an der Tafel und lassen Sie die Kinder die Buchstaben wiederholen.
2. Die Kinder stellen oder setzen sich jetzt in einen Kreis.
3. Sagen Sie jetzt laut den Buchstaben „A" und fordern Sie ein Kind auf, den nächsten Buchstaben zu sagen, sodass klar wird, dass es hier um die richtige Reihenfolge der Buchstaben geht.
4. Fordern Sie nun allgemein die Gruppe auf, dass jemand den nächsten Buchstaben sagt, ohne aber ein bestimmtes Kind anzuschauen. Das machen Sie immer wieder, bis alle Kinder einen Buchstaben gesagt haben. Machen Sie deutlich, dass jedes Kind nur einen Buchstaben pro Runde sagen darf.
5. Wenn zwei Kinder gleichzeitig den Buchstaben sagen, rufen Sie „Stopp" und das Spiel beginnt erneut.
6. Führen Sie jetzt die Regel ein, dass die Kinder die Augen geschlossen halten sollen, damit sie sich nicht über Blicke verständigen, wer wann welchen Buchstaben sagt.

Varianten

- Wählen Sie eine Buchstabenreihe aus der Mitte des Alphabets aus.
- Wählen Sie doppelt so viele Buchstaben aus wie Kinder, jedes Kind darf dann zwei Buchstaben pro Runde nennen.
- Stellen Sie die Kinder mit dem Rücken zueinander im Kreis auf, sodass alle nach außen schauen.
- Lassen Sie die Kinder die Buchstaben aussuchen.
- Stoppen Sie die Zeit, wie lange die Gruppe für diese Übung braucht, um die Motivation zu erhöhen.

Hintergrund

Diese Übung erfordert viel Konzentration der Kinder. Wichtig ist es, dass sie gegenseitig aufeinander achten müssen.
Gerade zu Anfang fällt es einigen Kindern schwer, sich an die Regeln zu halten.
So kommt es häufig vor, dass das Spiel schon bei den ersten Buchstaben „ruckelt", da alle möglichst schnell ihren Buchstaben loswerden wollen.

Machen Sie diese Übung nicht zu oft hintereinander, sie soll Spaß machen und keine Frustration hervorrufen.
Experimentieren Sie mit dieser Übung, bis sie zu Ihrer Gruppe passt.

Das Gruppenalphabet

Ziel: Alphabet, Konzentrationsfähigkeit trainieren, Reaktionsschnelligkeit

Ort: am Platz im Klassenraum

Material: –

Dauer: etwa 3 Minuten

Ablauf

Diese Übung hilft den Kindern, das Alphabet in der richtigen Reihenfolge aufzusagen und so zu lernen. Da auch die ausgeschiedenen Kinder weiter das Alphabet hören, lernen sie auch, wenn sie nicht mehr im Spiel sind.

1. Die Kinder stehen hinter ihrem Stuhl am Platz.
2. Sie selbst stehen vor der Klasse und zeigen auf ein Kind, das dann „A" sagt.
3. Zeigen Sie auf ein zweites Kind, das „B" sagt.
4. Wenn ein Kind den Buchstaben nicht weiß oder einen falschen sagt, muss es sich hinsetzen und das Spiel beginnt mit „A" wieder von vorn.
5. Führen Sie das Spiel so lange durch, bis „Z" erreicht wird oder bis nur noch ein Kind übrig ist.
6. Achten Sie darauf, dass Sie alle Kinder gleichmäßig drannehmen.

Varianten

- Erhöhen Sie das Tempo.
- Lassen Sie ein Kind nach vorn kommen und Ihre Rolle einnehmen.
- Zu Beginn können Sie zusätzlich das Alphabet vorab an die Tafel schreiben oder auf dem digitalen Whiteboard zeigen.
- Ist die Gruppe fortgeschrittener, können Sie alle im Klassenraum befindlichen Alphabete abdecken.

Hintergrund

Diese Übung macht viel Spaß! Es ist eine schnelle Übung, bei der es auf Reaktionsschnelligkeit ankommt. Machen Sie den Kindern klar, dass es ein Spiel ist, welches alle zusammenspielen, und es nicht schlimm ist, wenn man sich mal hinsetzen muss. Hier können auch die Kinder, die neu in der Klasse sind, von denen lernen, die schon länger da sind. Es sind zwar oft dieselben Kinder, die bis zum Ende übrig bleiben, aber es sind nicht immer dieselben, die gewinnen.
Sie können mit dieser Übung den Kindern wunderbar zeigen, dass auch sie gewinnen können, wenn sie zu Hause das Alphabet lernen.

Ich hatte schon Kinder in der Klasse, die, obwohl sie neu waren, so unbedingt gewinnen wollten, dass sie zu Hause das ganze Alphabet auswendig gelernt haben und am nächsten Tag zu den Gewinnerinnen und Gewinnern zählten.
Zum einen können die Kinder hier schnell Erfolgserlebnisse haben, zum anderen können Sie durch geschicktes Drannehmen der Kinder auch mal dafür sorgen, dass ein Kind, das im Alphabet noch nicht so sicher ist, relativ weit bis zum Schluss im Spiel bleibt.
So können Sie ganz einfach die Motivation des Kindes erhöhen wie auch den Glauben an sich selbst – beides Faktoren, die zum Lernen positiv beitragen.

Richtig oder falsch?

Ziel: Buchstaben erkennen und benennen, Begriffe erkennen, Reaktionsgeschwindigkeit, Teamwork

Ort: am Platz im Klassenraum

Material: relativ große Buchstabenkarten von A bis Z (evtl. Download-bereich ➔ **M9**), größer kopiert

Dauer: etwa 3 Minuten

Ablauf

Bei dieser Übung geht es darum, schnell zu erkennen, ob Buchstaben richtig oder falsch benannt sind, und darauf zu reagieren.

1. Die Kinder sitzen an ihren Plätzen. Sie selbst stehen gut sichtbar vor der Gruppe.
2. Zeigen Sie nun die erste Karte (➔ **M9**). Angenommen, es ist ein „A". Wenn Sie die Karte richtig benennen, also „A" sagen, bleiben die Kinder sitzen.
3. Wenn Sie die Karte falsch nennen, müssen die Kinder so schnell wie möglich aufstehen. Wenn Sie also die Karte „B" zeigen, aber „P" sagen, müssen die Kinder erkennen, dass Sie den falschen Buchstaben genannt haben, und so schnell wie möglich aufstehen.
4. Orientieren Sie sich beim Tempo an der Gruppe, das Spiel soll zur Konzentration anregen, aber auch Spaß machen.

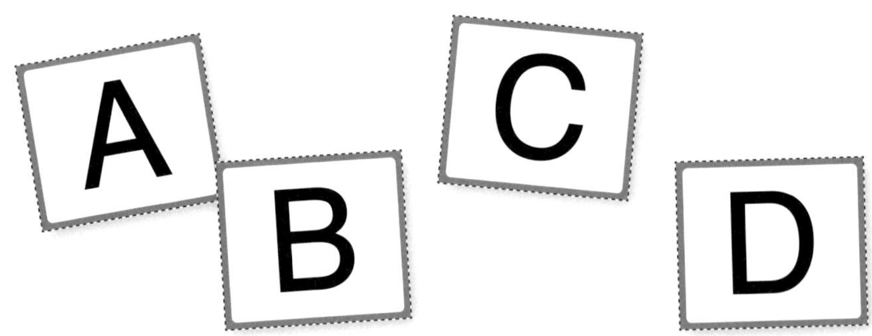

Varianten

- Lassen Sie ein Kind die Karten vorn zeigen und benennen.
- Erhöhen Sie den Wettbewerbscharakter: Wer zuletzt aufsteht bzw. falsch aufsteht oder sitzen bleibt, scheidet aus und legt den Kopf auf die Tischpatte, sodass immer klar ersichtlich ist, wer noch im Spiel ist.
- Spielen Sie das Spiel im Stehen: Alle Kinder stehen in einer Reihe und bei einer falschen Antwort drehen sie sich um.
- Nutzen Sie auch Wortkarten, die ausgeschnittenen Felder der Buchstabentabelle (→ **M7**) oder nennen Sie kleine Rechenaufgaben.

Hintergrund

Bei diesem Spiel lernen die Kinder nicht nur, Buchstaben zu erkennen, indem sie entscheiden, ob der gezeigte Buchstabe richtig oder falsch ist. Sie trainieren auch ihre Konzentration, Reaktionsgeschwindigkeit und Entscheidungsfähigkeit, denn die Kinder müssen nicht nur die Buchstaben erkennen, sondern auch schnell reagieren. Dies fördert ihre Fähigkeit, Informationen schnell zu verarbeiten und angemessen zu reagieren, was eine wichtige Fähigkeit im Lernprozess ist.
Außerdem müssen sie eine klare Entscheidung treffen, denn sie haben nur die Möglichkeit, aufzustehen oder sitzen zu bleiben, sodass alle Kinder aktiv am Spiel teilnehmen müssen, was Schwung und Bewegung in die Lerngruppe bringt.
Ganz wichtig ist aber auch, dass hier spielerisch der Umgang mit Fehlern gelernt wird. Die Kinder lernen, ihre eigenen Fehler zu erkennen, wenn sie falsche Buchstaben nennen. Dies kann eine positive Einstellung zum Fehlermachen fördern und ermutigt sie, aus ihren Fehlern zu lernen. In diesem Spiel wird nicht auf Fehler eingegangen, sondern es geht sofort weiter und die Kinder erkennen, dass alle Fehler machen.
Seien Sie auch hier Vorbild: Wenn das Tempo schneller wird, können auch Sie als Lehrkraft ins Schleudern kommen, wenn Sie z. B. der Meinung sind, Sie hätten den Buchstaben falsch benannt und die Kinder zum Aufstehen auffordern, auch wenn Sie den Buchstaben richtig benannt haben. Lachen Sie mit den Kindern und zeigen Sie ihnen so, wie man positiv mit Fehlern umgeht.

Vertauschte und fehlende Buchstaben

Ziel: Buchstaben erkennen und benennen, Buchstaben schreiben, Konzentrationsfähigkeit

Ort: am Tisch im Klassenraum

Material: Kopiervorlagen (Downloadbereich → **M8**)

Dauer: etwa 10 Minuten

Ablauf

Bei dieser Übung geht es darum, dass die Kinder die vertauschten Buchstaben und/ oder die fehlenden Buchstaben im Alphabet finden.
Als Einstieg in diese Übung können Sie mit den Kindern das Alphabet wiederholen. Dazu können Sie eine der vorhergehenden Übungen verwenden oder Sie sagen das Alphabet mit den Kindern im Chor auf, ggf. mit einem Alphabet an der Tafel oder, falls vorhanden, einem Alphabet an der Wand.

1. Für die Übung teilen Sie das Arbeitsblatt (→ **M8**) aus und gehen mit den Kindern gemeinsam durch das Alphabet. In der ersten Reihe ist das Alphabet richtig geschrieben.
2. Ab der zweiten Reihe sind zwei Buchstaben vertauscht, das sollten die Kinder beim chorischen Sprechen merken, sonst weisen Sie darauf hin.
3. Lassen Sie die Kinder ab der dritten Reihe die vertauschten Buchstaben selbst suchen und markieren.
4. Beim zweiten Arbeitsblatt ergeben die fehlenden Buchstaben das Lösungswort „Anspitzer".

Varianten

 Die Kinder arbeiten in Paaren.

 Sie können die Zeit stoppen, wie lange die Kinder oder Paare für die Übung benötigen.

 Lassen Sie die Kinder selbst mit der Blankovorlage (Download → **M8**) Alphabet-Reihen mit vertauschten oder fehlenden Buchstaben erstellen.

Hintergrund

Diese Übung wendet sich auch an Kinder, die dabei sind, die Reihenfolge des Alphabets zu erlernen. Wenn Kinder Buchstaben suchen, die nicht in der richtigen Reihenfolge sind oder fehlen, fördert das außerdem die Grundlagen für das Lesen und Schreiben, da hier ihre Konzentrationsfähigkeit, die visuelle Wahrnehmung und das Erkennen von Buchstaben gefördert wird.

Die Kinder müssen genau darauf achten, wie die Buchstaben aussehen, die jeweiligen Unterschiede erkennen und dann auch noch wahrnehmen, ob sie in der richtigen Reihenfolge des Alphabets erscheinen.

So ist hier die Aufmerksamkeit für Details besonders wichtig.

Die Kinder können sich immer an der ersten Reihe des Arbeitsblattes orientieren, in der das Alphabet korrekt notiert ist. In vielen Klassenräumen hängt ja auch ein Alphabet an der Wand, auch das kann zur Kontrolle und Orientierung genutzt werden.

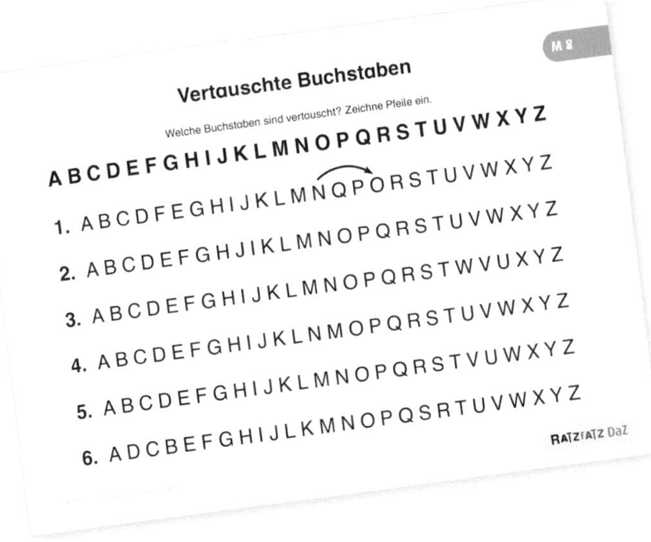

M 8

Vertauschte Buchstaben

Welche Buchstaben sind vertauscht? Zeichne Pfeile ein.

A B C D E F G H I J K L M N O P Q R S T U V W X Y Z

1. A B C D F E G H I J K L M N Q P O R S T U V W X Y Z
2. A B C D E F G H J I K L M N O P Q R S T U V W X Y Z
3. A B C D E F G H I J K L M N O P Q R S T W V U X Y Z
4. A B C D E F G H I J K L N M O P Q R S T U V W X Y Z
5. A B C D E F G H I J K L M N O P Q R S T V U W X Y Z
6. A D C B E F G H I J L K M N O P Q S R T U V W X Y Z

RATZFATZ DaZ

A bis Z

Ziel: Reihenfolge des Alphabets, Buchstaben erkennen und benennen, Konzentrationsfähigkeit

Ort: am Tisch im Klassenraum

Material: Buchstabenkarten (Downloadbereich → **M9**) oder Buchstabenkarten inkl. Bildern aus der Buchstabentabelle (Downloadbereich → **M7)** oder evtl. ABC-Kartenspiel-Karten oder Scrabble-Steine

Dauer: etwa 5 Minuten

Ablauf

Bei dieser Übung geht es darum, dass die Kinder die Buchstaben des Alphabets in die richtige Reihenfolge bringen. Wenn Sie in der Klasse Kartenspiele mit dem Alphabet oder Scrabble-Steine haben, können Sie diese verwenden. Ansonsten können Sie die Kinder entweder die Vorlage aus dem Download (→ **M9**) ausschneiden lassen, was gleichzeitig die Feinmotorik schult, oder Sie lassen die Kinder das Alphabet selbst in die leeren Felder von Vorlage 2 (→ **M7**) schreiben, sodass alle Buchstaben ungefähr gleich groß sind. Diese Übung kann einzeln oder zu zweit durchgeführt werden.

1. Zu Beginn können sich die Kinder an Vorlagen orientieren, die vielleicht im Klassenzimmer hängen, wie z. B. die Buchstabentabellen oder ein großes Alphabet.
2. Ansonsten kann auch einfach ein Alphabet in der richtigen Reihenfolge an die Tafel geschrieben oder über ein digitales Whiteboard gezeigt werden.
3. Die Kinder erhalten die Buchstabenkarten oder Scrabble-Steine durcheinandergemischt. Ziel ist es, dass die Kinder die Buchstaben in die richtige Reihenfolge bringen und dabei korrekt benennen.
4. Wenn Sie die Übung regelmäßig einsetzen, können Sie die Zeit stoppen, die die Kinder benötigen, um das Alphabet richtig zu sortieren. In der Regel verbessert sich die Zeit, sodass die Kinder hier schnell einen Lernerfolg sehen und eine positive Rückmeldung zu ihrem Lernprozess erhalten.

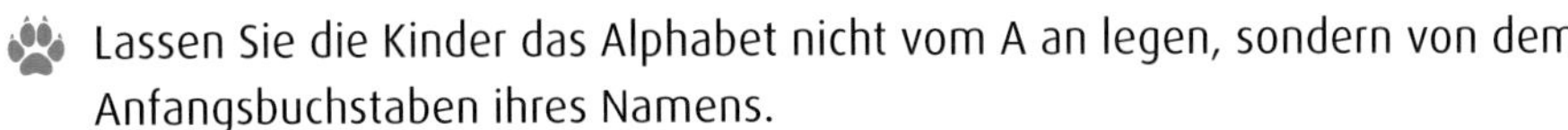

Varianten

- Lassen Sie die Kinder das Alphabet nicht vom A an legen, sondern von dem Anfangsbuchstaben ihres Namens.
- Die Kinder können das Alphabet rückwärtslegen.
- Überspringen Sie jeden zweiten Buchstaben: A, C, E, G ... oder B, D, F, H

Hintergrund

Obwohl das Spiel einfach aussieht, kann man damit viel trainieren und es geht um viel mehr als lediglich die korrekte Reihenfolge des Alphabets:
Kinder entwickeln ihre Feinmotorik, indem sie ausschneiden oder eigene Buchstaben in die leeren Felder schreiben. Dies ist besonders wichtig für die Entwicklung der Hand-Augen-Koordination, die beim Schreiben eine wichtige Rolle spielt.

Die Kinder lernen auch, vorhandene Ressourcen im Klassenzimmer zu nutzen (z. B. ein großes Alphabet im Klassenraum), statt immer sofort die Lehrkraft zu fragen. Diese Übung kann einzeln oder zu zweit durchgeführt werden und gibt den Kindern die Möglichkeit, zusammenzuarbeiten und voneinander zu lernen, was die sozialen Fähigkeiten der Kinder und eine positive Lernumgebung fördert.
Durch das Stoppen der Zeit und das regelmäßige Wiederholen der Übungen lernen die Kinder, ihre Zeit effizient zu nutzen. Das steigert ihre Erfolgserlebnisse und ihre Lernmotivation.

5.

Erste Übungen zum Wortschatz

Farben finden

Ziel: Wortfeld Farben, Orientierung im Raum, Reaktionsschnelligkeit

Ort: im Klassenraum oder draußen

Material: evtl. Farbkarten (Downloadbereich → **M10**)

Dauer: etwa 5 Minuten

Ablauf

Farben sind überall um uns herum, wir können unsere Umgebung nutzen, um das Wortfeld Farbe zu trainieren. Die Übung kann am Platz, frei im Klassenraum, aber auch überall im Freien durchgeführt werden. Je nach Zusammensetzung der Gruppe kann es sinnvoll sein, zunächst am Platz zu arbeiten und dann den Radius langsam zu erweitern.

1. Zuerst werden mit der Klasse die wichtigsten Farben gelernt oder wiederholt. Bei Anfängerinnen und Anfängern kann man mit folgenden Farben beginnen: Gelb, Rot, Blau, Orange, Grün, Rosa. Bei fortgeschrittenen Gruppen können weitere Abstufungen wie „hell" oder „dunkel" hinzugefügt werden. Je nach Leistungsstand der Lerngruppe können die Farben (→ **M10**) auf dem digitalen Whiteboard als Lernunterstützung gezeigt werden.
2. In der Klasse steht die Lehrkraft vorn und sagt die Farben an.
3. Die Kinder suchen nun an ihren Plätzen einen Gegenstand dieser Farbe, z. B. einen grünen Stift oder eine blaue Hose, und halten ihn hoch oder zeigen darauf.
4. Wenn die Gruppe teamfähig ist, können die Kinder auch aufstehen und zu dem Gegenstand laufen.
5. Nach einer Weile kann ein Kind, das die Wörter sicher beherrscht, die Farben ansagen.

Varianten

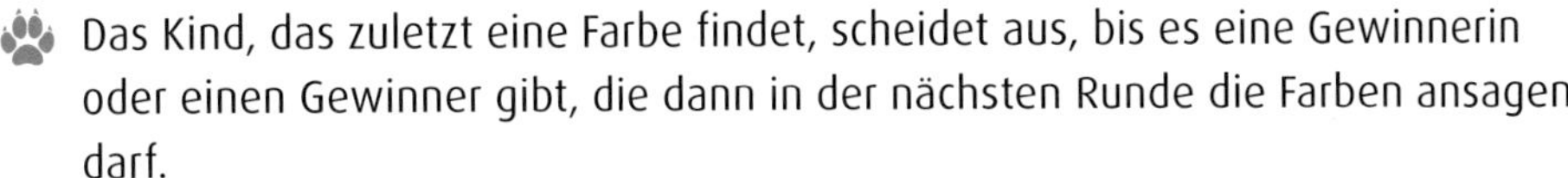

- Das Kind, das zuletzt eine Farbe findet, scheidet aus, bis es eine Gewinnerin oder einen Gewinner gibt, die dann in der nächsten Runde die Farben ansagen darf.
- Wenn die Gruppe es zulässt, kann diese Aufgabe auch auf dem Schulhof gemacht werden und Kinder laufen zu Orten oder Gegenständen mit der jeweiligen Farbe.
- Die Kinder zeigen ihren Gegenstand und benennen die Farbe in ihrer eigenen Sprache.
- Im Wald oder auf einer Wiese kann die Aufgabe auch dahin gehend erweitert werden, dass die Kinder zur jeweils aufgerufenen Farbe eine bestimmte Anzahl von Gegenständen finden und zur Lehrkraft bringen müssen.

Hintergrund

Das Erlernen des Grundwortschatzes erfolgt durch Wiederholung. Wenn die Kinder Farben finden müssen – noch dazu in einem kleinen Wettbewerb – prägen sich die Wörter schnell ein.
Hinzu kommt, dass die Kinder schnell und eindeutig ein Erfolgserlebnis haben, wenn sie einen Gegenstand mit der richtigen Farbe identifizieren.
Gerade zu Beginn des Deutschlernens, wenn für die Kinder alles noch sehr schwierig, überwältigend und fremd erscheint, können sie so das Gefühl bekommen, dass sie doch etwas lernen und sich in der neuen Sprache bewegen können.

Diese Übung spricht viele Lerntypen gleichzeitig an. Optische Lerntypen werden durch das Sehen der Farbe angesprochen, auditive Lerntypen durch das Hören der Farbe und haptische Lerntypen durch das Bewegen und Berühren des Gegenstandes. Beim Benennen der Farbe üben die Kinder die richtige Aussprache.

Im Klassenraum – Was ist das?

Ziel: Wortfeld der Schulumgebung, Orientierung im Raum, Reaktionsschnelligkeit

Ort: im Klassenraum oder draußen

Material: –

Dauer: etwa 5 Minuten

Ablauf

Diese Übung bietet sich an, wenn das Wortfeld Schule, Klassenraum oder Schulmaterial behandelt wird.

1. Führen Sie die Wörter ein, die Sie für das Spiel benötigen, z. B. „der Stuhl", „der Tisch", „das Fenster", „die Tafel" oder „der Stift", „das Lineal", „das Buch", „der Anspitzer". Achten Sie darauf, dass Sie immer direkt den Begleiter mit benennen.
2. Halten Sie einen Gegenstand hoch oder gehen Sie zu ihm hin und zeigen darauf. Dazu fragen Sie: „Was ist das?"
3. Die Kinder rufen nun den Namen des Gegenstandes. Nicht alle Kinder werden immer den korrekten Begriff kennen, können aber so von den anderen lernen.
4. Gibt es unterschiedliche Meinungen: „Das ist der Tisch.", „Nein, das ist der Stuhl!", befragen Sie einzelne Kinder oder lassen Sie abstimmen und lösen dann auf.
5. Nach einer Weile können Sie ein Kind, das die Wörter schon beherrscht und die Übung versteht, bitten, Ihre Rolle zu übernehmen.

Varianten

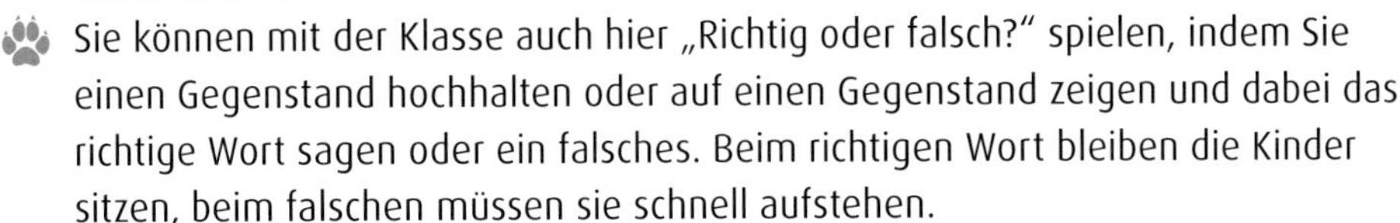

- Sie können den Gegenstand auch ansagen und die Kinder müssen den Gegenstand hochhalten oder zu ihm hinlaufen.
- Sie können mit der Klasse auch hier „Richtig oder falsch?“ spielen, indem Sie einen Gegenstand hochhalten oder auf einen Gegenstand zeigen und dabei das richtige Wort sagen oder ein falsches. Beim richtigen Wort bleiben die Kinder sitzen, beim falschen müssen sie schnell aufstehen.
- Teilen Sie die Klasse in zwei Teams auf. Die Lehrkraft zeigt auf verschiedene Gegenstände im Klassenraum und ruft ein Kind aus jedem Team auf, den Namen des Gegenstands zu nennen. Das Team, dessen Kind zuerst den korrekten Begriff nennt, erhält einen Punkt.

Hintergrund

Neben dem Erlernen und Trainieren des Wortfeldes können die Kinder auch üben, selbst Verantwortung für ihr Lernen zu übernehmen.
Am Anfang verlassen sich viele Kinder noch darauf, dass der oder die Schnellste oder Lauteste auch die richtige Antwort weiß.
Da dies aber nicht immer der Fall ist, können die Kinder lernen, sich auf sich selbst und nicht auf andere zu verlassen. Gerade ruhigere Kinder können so zeigen, dass sie die Wörter ebenfalls kennen.
Wenn zu einem Gegenstand verschiedene Begriffe genannt werden, können die Kinder lernen, wie sie zu einem positiven Klärungsprozess kommen, der nicht darin besteht, die eigene Meinung laut und oft zu wiederholen.
Das Spiel lebt von der Schnelligkeit und schult gleichzeitig die Aufmerksamkeit.
Das kann man besonders in der Variante „Richtig oder falsch?“ üben. Suchen Sie dazu zwei Gegenstände aus, einen richtigen und einen falschen, und zeigen Sie abwechselnd darauf: auf einen Stuhl zeigen und „Stuhl“ sagen, auf eine Tür zeigen und nun aber „Fenster“ sagen. Da „Fenster“ falsch ist, müssen die Kinder aufstehen.
Sagen Sie nun beim Zeigen: „Stuhl – Fenster – Stuhl – Fenster – Stuhl – Fenster – Stuhl – Tür“. Ein Kind wird auch bei dem richtigen Wort „Tür“ aufstehen. Das führt in der Regel zu großer Heiterkeit, da alle einmal in die Falle tappen. So lernen die Kinder ganz nebenbei, dass es wichtig ist, gut aufzupassen.

Die hängende Spinne

Ziel: Buchstaben erkennen und benennen, Kreativität, Konzentrationsfähigkeit, Teamwork

Ort: im Klassenraum oder draußen

Material: –

Dauer: 10 Minuten

Ablauf

Das Spiel funktioniert ähnlich wie das Spiel „Galgenmännchen", aber statt eines Galgenmännchens wird eine Spinne gezeichnet, die sich aus ihrem Netz oder von der Decke herablässt. Kinder mit Fluchterfahrung haben in manchen Herkunftsländern oder auf der Flucht vielleicht schon echte Galgen gesehen, daher wird hier ein kleines Tier gewählt.

1. Zu Beginn des Spiels wählen Sie ein Wort aus und malen, entsprechend der Anzahl der Buchstaben, einen Strich pro Buchstabe an die Tafel.
2. Die Kinder nennen nun nacheinander die Buchstaben.
3. Stimmt ein Buchstabe, wird er an die entsprechende Stelle auf einem der Striche geschrieben.
4. Stimmt der Buchstabe nicht, wird der erste Strich des Netzes gezeichnet und der falsche Buchstabe unten daruntergeschrieben, damit die Kinder ihn nicht noch einmal nennen.
5. Ist das Wort fertig, bevor die Spinne fertig ist, gewinnen die Ratenden.
Ist die Spinne zuerst fertig, verlieren sie.
6. Das Kind, das den letzten Buchstaben errät, darf in der nächsten Runde das Spiel leiten und ein Wort aussuchen.

Varianten

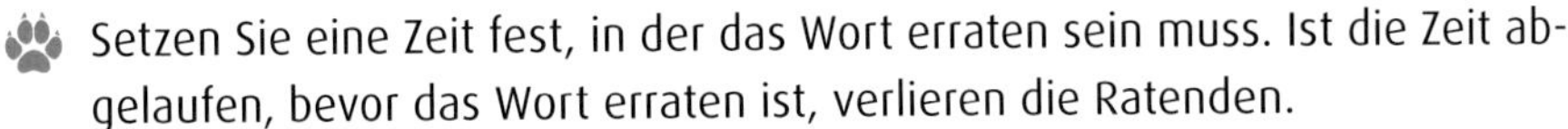

- Setzen Sie eine Zeit fest, in der das Wort erraten sein muss. Ist die Zeit abgelaufen, bevor das Wort erraten ist, verlieren die Ratenden.

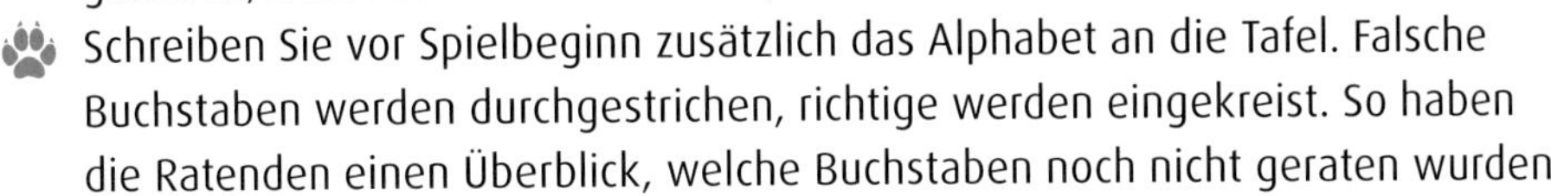

- Schreiben Sie vor Spielbeginn zusätzlich das Alphabet an die Tafel. Falsche Buchstaben werden durchgestrichen, richtige werden eingekreist. So haben die Ratenden einen Überblick, welche Buchstaben noch nicht geraten wurden.
- Sie können, wenn ein Kind vorn steht und das Spiel leitet, Wortkarten vorbereiten, aus denen das Kind auswählt. So stellen Sie eine richtige Schreibung sicher.
- Es können je nach Unterrichtsinhalt nur Wörter aus bestimmten Themengebieten zugelassen werden, beispielsweise aus den aktuellen Vokabeln.

Hintergrund

Bei diesem Spiel lernen die Kinder nicht nur Wörter, sie lernen zusätzlich, wie Buchstaben in einem Wort angeordnet sind und welche Buchstaben zu einem Laut zusammengezogen werden (z. B. st, ei, au ...).

Weiter trainieren sie ihre Teamfähigkeit und den Umgang damit, wenn ein anderes Kind z. B. zum zweiten Mal einen falschen Buchstaben nennt. Hier lassen sich Fehlerkultur und ein fairer Umgang miteinander trainieren.

Ebenso lernen die Kinder, strategisch vorzugehen, indem sie nicht einfach wild Buchstaben raten, sondern vielleicht erst einmal die Vokale durchgehen oder sich an der Häufigkeit der Buchstaben im Deutschen orientieren.

6.

HÖR- UND SPRECHÜBUNGEN

Vokale suchen

Ziel: zuhören und nachsprechen, Konzentrationsfähigkeit, Teamwork

Ort: im Klassenraum

Material: –

Dauer: etwa 5 Minuten

Ablauf

Diese Übung ist eine erste Hörübung, bei der die Kinder trainieren, Vokale in einem gehörten Wort zu identifizieren. Es geht darum, dass die Kinder Vokale hören und benennen können.

1. Schreiben Sie an die Tafel die Vokale A, E, I, O, U in Großbuchstaben.
2. Sprechen Sie nun laut Ihren Nachnamen aus, z. B.: „Ehrnsberger".
3. Deuten Sie nun auf das A an der Tafel und fragen: „Ja oder nein?"
4. Die Kinder machen für „Ja" die „Daumen hoch"-Geste, für „Nein" die „Daumen runter"-Geste.
5. Gehen Sie so alle Vokale durch.
6. In der Regel sind nicht alle Antworten auf Anhieb richtig. Wiederholen Sie Ihren Namen dann deutlich.
7. Schreiben Sie danach Ihren Namen an und lassen Sie die Kinder die Vokale einkreisen und benennen.
8. In der nächsten Runde kommt ein Kind nach vorn und sagt seinen Namen. Je nach Lernfortschritt fragt entweder das Kind oder Sie die Vokale zum Namen ab.

Varianten

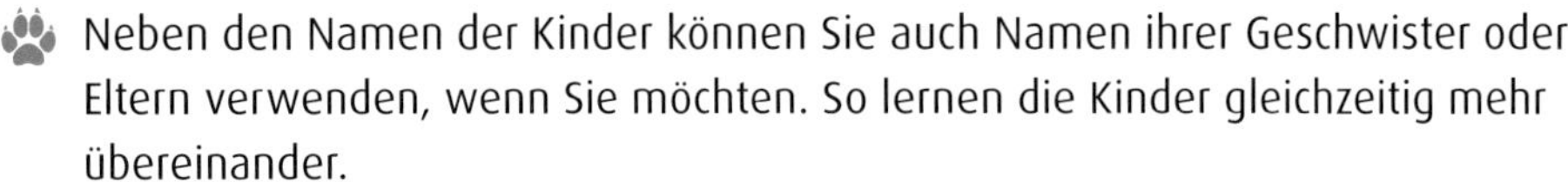

- Neben den Namen der Kinder können Sie auch Namen ihrer Geschwister oder Eltern verwenden, wenn Sie möchten. So lernen die Kinder gleichzeitig mehr übereinander.
- Statt der Namen können Sie auch einfache, am besten lautgetreue Wörter benutzen, wie „Tomate", „Oma" oder „Tiger". Beginnen Sie mit kurzen Wörtern mit einem oder wenigen Vokalen und steigern Sie die Schwierigkeit mit zunehmender Sicherheit der Gruppe.
- Sie können mit den Kindern auch heraushören, wo sich der Vokal oder später auch ein anderer Buchstabe im Wort befindet: Am Anfang, in der Mitte oder am Ende. Legen Sie mit den Kindern den Buchstaben fest, den die Kinder finden sollen, beispielsweise das A. Sagen Sie (oder ein Kind) dann das Wort „Ameise". Hören die Kinder das A am Anfang, heben Sie die linke Hand, hören sie es in der Mitte, führen sie beide Hände vor der Brust zusammen, hören sie es am Ende, heben sie die rechte Hand.

Hintergrund

Mit dieser Übung üben Kinder nicht nur das Heraushören von Vokalen, sondern auch eine Vielzahl weiterer Fähigkeiten. Das phonologische Bewusstsein wird durch das Erkennen der Vokale in den Wörtern entwickelt. Wenn Sie mit einer Vielzahl von Wörtern arbeiten, erweitern die Kinder ihren Wortschatz und verbessern ihre Aussprache. Darüber hinaus werden kognitive Fähigkeiten durch die Förderung des Gedächtnisses und des analytischen Denkens geschult. Diese Übung übt zudem die Kommunikation und den Respekt zwischen den Kindern und verbessert so die sozialen Fähigkeiten der Kinder.
In aller Regel macht sie den Kindern aber einfach Spaß, da sie hier Vokal-Detektivinnen und -Detektive sein können und sich über korrekt gefundene Vokale freuen.

Mein Name ist ...

Ziel: zuhören und nachsprechen, Konzentrationsfähigkeit, Teamwork

Ort: im Stuhlkreis

Material: –

Dauer: etwa 5 Minuten

Ablauf

Diese Übung ist eine erste Sprech- und Schreibübung, die sich an der Lebenswelt der Kinder orientiert.
Setzen Sie sich mit den Kindern in einen Stuhlkreis.

1. Zeigen Sie auf sich und sagen Sie: „Mein Name ist Frau .../Herr ...".
2. Bitten Sie nun das Kind zu ihrer Linken, Folgendes zu sagen: „Mein Name ist ...". So geht es im Kreis weiter, bis alle Kinder ihren Namen so gesagt haben.
3. In der nächsten Runde wird erweitert: Das Kind zeigt auf sich selbst und sagt: „Mein Name ist ...". Dann zeigt es auf das Kind links und sagt: „Dein Name ist ...".
4. Wenn die Runde beendet ist, wird in der nächsten Runde gesagt: „Mein Name ist ... Ich bin ... Jahre alt". Wenn ein Kind nicht weiß, wie sein Alter auf Deutsch heißt, zeigt es mit dem Finger, wie alt es ist, ggf. unterstützen Sie oder anderen Kinder dabei.
5. In der nächsten Runde heißt es dann: „Ich bin ... Jahre alt. Du bist ... Jahre alt."
6. Je nach Größe und Ausdauer der Gruppe kann noch eine Runde ergänzt werden mit: „Ich komme aus ...".

Varianten

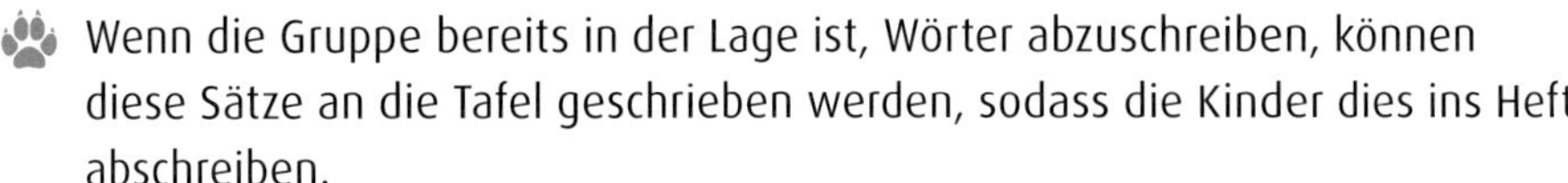

- Wenn die Gruppe bereits in der Lage ist, Wörter abzuschreiben, können diese Sätze an die Tafel geschrieben werden, sodass die Kinder dies ins Heft abschreiben.

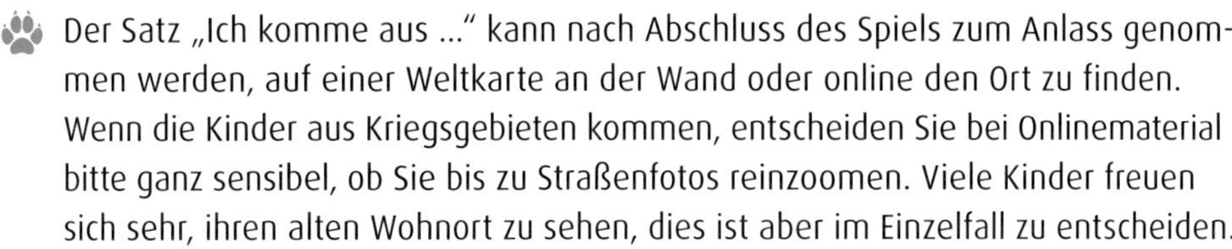

- Der Satz „Ich komme aus …" kann nach Abschluss des Spiels zum Anlass genommen werden, auf einer Weltkarte an der Wand oder online den Ort zu finden. Wenn die Kinder aus Kriegsgebieten kommen, entscheiden Sie bei Onlinematerial bitte ganz sensibel, ob Sie bis zu Straßenfotos reinzoomen. Viele Kinder freuen sich sehr, ihren alten Wohnort zu sehen, dies ist aber im Einzelfall zu entscheiden.

Hintergrund

Neben ersten Vorstellungssätzen lernen die Kinder hier bereits erste Satzstrukturen und Zahlen kennen. Dabei ist es wichtig, von Anfang an konsequent darauf zu achten, dass die Kinder diese einfachen Sätze richtig nachsprechen.
Häufig machen die Kinder aus den vorgegebenen Sätzen: „Ich heißen …" „Ich Jahre alt …", „Ich kommen …". Hier kann mit der gesamten Gruppe einerseits eine positive Fehlerkultur eingeübt werden, andererseits aber auch, dass die Kinder genau zuhören und sich wirklich Mühe geben, den Satz richtig und nicht irgendwie nachzusprechen. Zu Beginn reicht es aus, nur den Satz „Mein Name ist …" abschreiben zu lassen, da die Buchstaben viel Übung erfordern.

Gerade in gemischten Gruppen, in denen einige Kinder ein paar Monate länger dabei sind als andere, kann es auch für die neuen Kinder ein Erfolgserlebnis sein, wenn sie einen Satz schreiben oder malen, während andere vielleicht schon alle drei Sätze geschrieben haben.
Jedes Kind kann sich, entsprechend seinen Fähigkeiten, an der Übung beteiligen. Wiederholen Sie diese Übung regelmäßig, bis Sie merken, dass die Gruppe die Übung gut beherrscht und sie vielleicht schon zu einfach ist.

Worte des Tages

Ziel: Zuhören, aufeinander hören, Kreativität, Buchstaben schreiben

Ort: im Klassenraum

Material: –

Dauer: etwa 5–10 Minuten

Ablauf

Bei „Worte des Tages“ werden zusammen mit den Kindern Sätze formuliert, die immer einen sehr ähnlichen Aufbau haben, sodass die Kinder sie schnell selbst formulieren können.
Die Länge variiert je nach Lernstand der Gruppe. Zu Beginn kann es ein einfacher Satz sein, später können es auch mehrere sein. Da der Lernstand in den Gruppen ja meist sehr heterogen ist, wird es Kinder geben, denen das Abschreiben leichter fällt, und andere, denen es noch nicht so leichtfällt.
Hier kann im Sinne einer Differenzierung mit den Kindern festgelegt werden, wer von den Kindern wie viele Wörter/Sätze abschreibt.

1. Stellen Sie eine Frage, z. B.: „Welcher Tag ist heute?“. Schreiben Sie diese an die Tafel. Warten Sie die richtige Antwort ab und schreiben Sie die Antwort ebenfalls an die Tafel: „Heute ist Montag“.
2. Folgende Fragen haben sich weiter bewährt:
   - Welcher Tag war gestern?
   - Welcher Tag ist morgen?
   - Können wir die Sonne sehen?
   - Wie viele Kinder sind hier?
   - Welche Kinder fehlen heute?
3. Wenn die Kinder den für sie ausgewählten Teil abgeschrieben haben, sollten Sie – abhängig vom Lernstand des Kindes – angemessene Korrekturen vornehmen.

Varianten

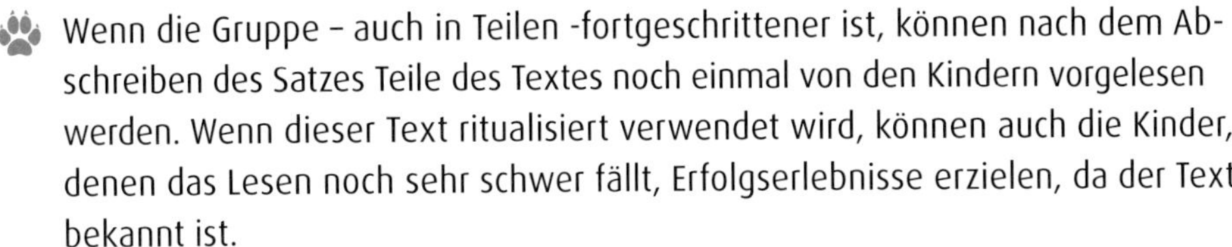

- Wenn die Gruppe – auch in Teilen -fortgeschrittener ist, können nach dem Abschreiben des Satzes Teile des Textes noch einmal von den Kindern vorgelesen werden. Wenn dieser Text ritualisiert verwendet wird, können auch die Kinder, denen das Lesen noch sehr schwer fällt, Erfolgserlebnisse erzielen, da der Text bekannt ist.
- Die Kinder können aufgefordert werden, in dem Text bestimmte Buchstaben zu markieren: „Umkreise alle A in dem Text."
- Die Großbuchstaben können markiert werden und die Kinder klären, warum hier großgeschrieben wird: Satzanfang, Substantiv oder Namen.

Hintergrund

Diese Übung ist vielseitig einsetzbar und immer an die aktuellen Bedürfnisse angepasst. Es sollte kein Diktat oder Abschreibetext sein, den Sie vorgeben, sondern eher ein Gespräch entlang der Standardsätze. Fragen Sie z. B.: „Welches Datum ist heute?" und dann kann geklärt werden, wo die Kinder das aktuelle Datum finden. Oder fragen Sie: „Können wir heute die Sonne sehen?" Ein Kind sagt vielleicht: „Nein, keine Sonne." Die Lehrkraft wiederholt dann richtig: „Nein, heute scheint keine Sonne. Und wie heißt das, was vom Himmel fällt?"

Betrachten Sie die „Worte des Tages" also weniger als Satz oder Text, sondern eher als ein Gespräch, von dem die wichtigsten Dinge dann einfach aufgeschrieben werden.
Auch wenn das Abschreiben den Kindern anfangs sehr schwerfällt, sind sie in der Regel sehr stolz darauf, einen kleinen Text in der neuen Sprache geschrieben zu haben.

Kopf, Schulter, Knie und Fuß

Ziel: Zuhören, aufeinander hören, Kreativität, Wortfeld Körper

Ort: im Klassenraum

Material: Lied: „Kopf, Schulter, Knie und Fuß“ als MP3 und Notenblatt (Downloadbereich ➔ **M13**)

Dauer: etwa 5 Minuten

Ablauf

Diese Übung erarbeitet mit dem bekannten Lied „Kopf, Schulter, Knie und Fuß“ die Körerteile. Die Übung hilft den Kindern, durch Bewegung die Wörter zu lernen.

1. Zu Beginn sprechen Sie laut die erste Strophe und berühren dabei mit einer Hand den entsprechenden Körperteil.
2. Fordern Sie beim zweiten Durchgang die Kinder auf, mitzumachen, bis den Kindern die Körperteile geläufig sind.
3. Testen Sie ab, ob die Kinder sich die Wörter richtig gemerkt haben, indem Sie auf Körperteile zeigen und die Kinder diese benennen. Sie können auch Körperteile benennen und die Kinder müssen dann sagen, ob dies richtig oder falsch war.
4. Führen Sie nun das Lied ein, entweder singen Sie es mit den Kindern oder hören es als MP3 aus dem Downloadbereich (➔ **M13**).
5. Singen Sie dann mit den Kindern das Lied und berühren Sie dabei die entsprechenden Körperteile.
6. Wenn Sie ohne Musikdownload singen, können Sie beim Singen immer schneller werden.

Varianten

- Singen Sie das Lied mit den Kindern immer schneller, wer sich versingt, scheidet aus.
- Bei jedem Durchgang wird ein Körperteil weggelassen, auf den nur noch gezeigt wird, der aber nicht mehr gesungen wird. Im zweiten Durchgang werden dann zwei Körperteile nur noch gezeigt und so weiter.
- Die fortgeschrittenen Kinder der Gruppe können Sie weitere eigene Strophen entwickeln und dabei auch das Wortfeld Kleidungsstücke einbeziehen.

Hintergrund

Bewegung unterstützt beim Lernen und das Singen mit der Melodie und dem Rhythmus hilft, sich die Wörter zu merken.
Sie können das Lied mit den Kindern im Kreis singen. Mutige Kinder können in der Mitte des Kreises singen.

Wenn das Lied einmal eingeführt ist, können Sie es auch als „Warm-up" benutzen oder zwischendurch, um eine kleine aktive Pause im Unterricht zu haben.
Das Singen und die Bewegung aktiviert die Atmung und gibt neue Energie.

Den genauen Text zu dem Lied finden Sie auf Seite 106, die eingesungene Version sowie das Notenblatt im Downloadbereich → **M13**.

7.

Einfache Lieder zum Mitsingen

„Wir kommen von fern und nah“

Material: MP3 und Notenblatt (Downloadbereich → **M11**)

Dieses Lied beschreibt die Erfahrung der Kinder im Prozess des Deutschlernens. Erst ist alles ganz neu hier, aber mit der Zeit gelingt es immer besser, hier anzukommen und die Sprache zu lernen. Die letzte Zeile beschreibt noch einmal den Ansatz von „Growth mindset“ (siehe Einleitung): Die Kinder haben ihr Lernen selbst in der Hand. Um das Lied mit den Kindern zu erarbeiten, bietet es sich an, das Lied ein- oder zweimal zu hören und dann den Text des Refrains zu üben. So werden sie ihn schnell mitsingen können. Wenn das Lied regelmäßig eingesetzt wird, sind die Kinder schnell in der Lage, es selbst zu singen.
In Strophe zwei können die aufgezählten Sprachen bei Bedarf einfach gegen andere Herkunftssprachen der Kinder ausgetauscht werden.

Refrain:
Wir kommen von fern und nah.
Wir lernen Deutsch, das ist doch klar.
Wir lernen DER, DIE, DAS. Artikel macht kein Spaß.
Jeden Tag ein neues Wort, das lernen wir sofort.

1. Strophe:
Wir lernen von A bis Z unser neues Alphabet,
Grammatik und Konjugation und natürlich Deklination.
Deutsch lernen ist unser Ziel.
Dazu fehlt uns nicht mehr viel!
Wir kommen von fern und nah …

2. Strophe:
Wir sprechen Rumänisch, Polnisch und Bulgarisch,
Ungarisch und Ukrainisch, Mazedonisch,
Arabisch, Türkisch und auch Farsi –
und was sprechen eigentlich Sie?
Wir kommen von fern und nah …

3. Strophe
Erst war alles hier ganz neu. Doch wir haben keine Scheu,
kommen Tag für Tag voran und das hört man uns auch an.
Deutsch lernen mit Verstand haben wir selbst in der Hand.
Wir kommen von fern und nah …

„A wie Apfel, B wie Ball“

Material: MP3 und Notenblatt (Downloadbereich → **M12**)

Dieses Lied macht aus der Buchstabentabelle ein Lied und kann helfen, die Wörter der Buchstabentabellen zu üben und die Reihenfolge des Alphabets zu festigen. In der MP3-Aufnahme wird das Lied dreimal hintereinander gespielt, jedes Mal etwas schneller. Es hilft den Kindern, wenn Sie beim Abspielen des Liedes auch die Buchstabentabellen zeigen.

Jedem Wort kann man noch eine Bewegung zuordnen, die man beim Singen macht. Bei dem Wort „Apfel“ beißt man in einen Apfel. Bei dem Wort „Ball“ dribbelt man einen Ball. Beim Wort „Computer“ wird auf einer Tastatur getippt ...

A wie Apfel und
B wie Ball,
C wie Computer,
das lernen wir auf jeden Fall
D wie Delfin und
E wie Elefant,
F wie Fisch,
das ist ja interessant!
G wie Giraffe und
H wie Hund,
I wie Igel,
jetzt geht's rund!
J wie Jacke und
K wie Kind,
L wie Lampe,
wie schön, dass wir
zusammen sind!

Refrain:
Das ist unser Alphabet,
dafür ist es nie zu spät,
wir lernen es von A bis Z!
Das ist unser Alphabet,
dafür ist es nie zu spät,
ich finde es echt nett.

M wie Maus und
N wie Nashorn,
O wie Ohr,
dieses Lied, das geht nach
vorn!
P wie Pinguin und
Q wie Qualle,
R wie Roboter
und jetzt alle!
S wie Sonne und
T wie Tee,
U wie Uhr,
das klappt gut, wie ich seh ...

V wie Vogel und
W wie Wal,
X wie Xylofon,
wir lernen hier maximal ...

Refrain:
...

Y wie Yoga und
Z wie Zahn,
jetzt sind wir fertig
und fangen von vorne an.

Letzte Wiederholung:
Jetzt sind wir fertig
und haben einen Plan.

„Kopf, Schulter, Knie und Fuß"

Material: MP3 und Notenblatt (Downloadbereich → **M13**)

Beim Singen dieses Liedes ist dazu noch jede Menge Bewegung im Spiel, da die Kinder dabei die jeweiligen Stellen des Körpers berühren sollen. Wenn man das Lied ohne das Playback singt, kann auch hier die Geschwindigkeit immer mehr gesteigert werden.

Kopf, Schulter, Knie und Fuß. Knie und Fuß.
Kopf, Schulter, Knie und Fuß. Knie und Fuß
und Augen, Ohren, Nase, Mund.
Kopf, Schulter, Knie und Fuß. Knie und Fuß.

Arme, Beine, Bauch und Po. Bauch und Po.
Arme, Beine, Bauch und Po. Bauch und Po
und Finger, Zehen, Nacken, Hals.
Arme, Beine, Bauch und Po. Bauch und Po.

Haare, Stirn, Wange und Kinn. Wange, Kinn.
Haare, Stirn, Wange und Kinn. Wange, Kinn
und Zähne, Lippen und die Augenbrauen.
Haare, Stirn, Wange und Kinn. Wange, Kinn.

Eine detaillierte Anleitung zum Einsatz des Liedes finden Sie auf Seite 101.

Das ABC-Lied

Material: MP3 und Notenblatt (Downloadbereich → **M14**)

Das ABC-Lied hat schon Generationen von Lernenden geholfen, das Alphabet auswendig zu lernen. Es besteht fast nur aus den Buchstaben und ist durch seinen einprägsamen Rhythmus schnell zu lernen.

A B C D E F G
H I J K L M N O P
Q R S T U V W
X Y Z; juchhe!
Jetzt können wir das ABC,
so geht unser Alphabet.

A B C D E F G
H I J K L M N O P
Q R S T U V W
X Y Z; juchhe!
Jetzt können wir das ABC,
so geht unser Alphabet.

8.

HANDZEICHEN

Alle Handzeichen finden Sie auch unter
→ **M15** im Downloadbereich.

Bitte um Ruhe!

Illustration: Dorothee Wolters

Ich habe eine Frage!

Illustration: Dorothee Wolters

Ich muss auf Klo!

Illustration: Dorothee Wolters

Ich brauche Hilfe!

Illustration: Dorothee Wolters

Bitte lauter!

Illustration: Dorothee Wolters

Bitte deutlicher!

Illustration: Dorothee Wolters

Bitte langsamer!

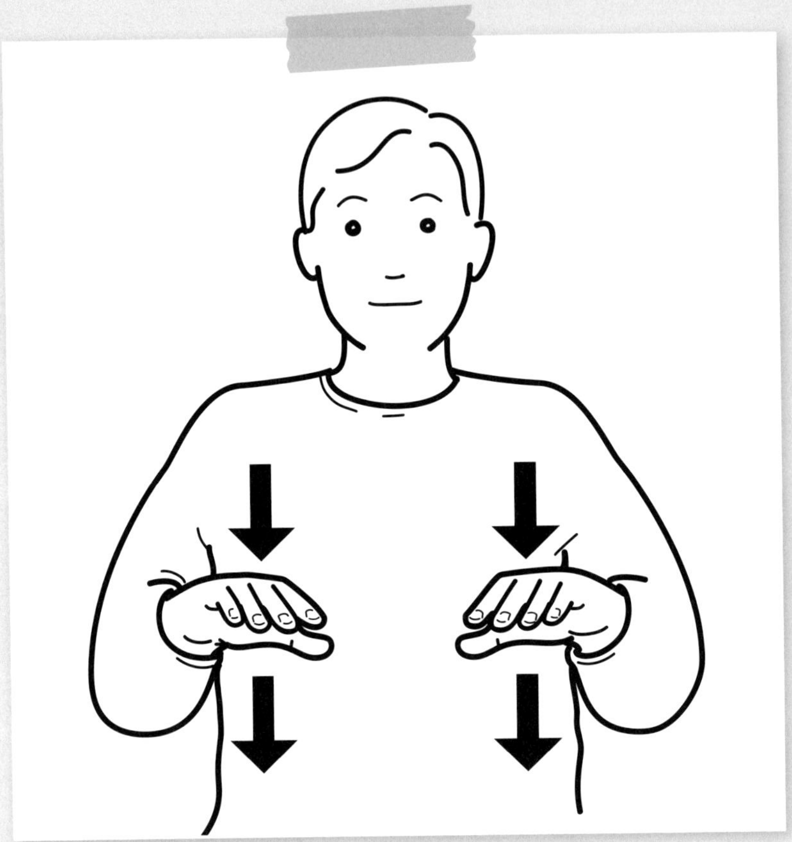

Illustration: Dorothee Wolters

Einen Stuhlkreis bilden!

Illustration: Dorothee Wolters

Bitte aufstehen!

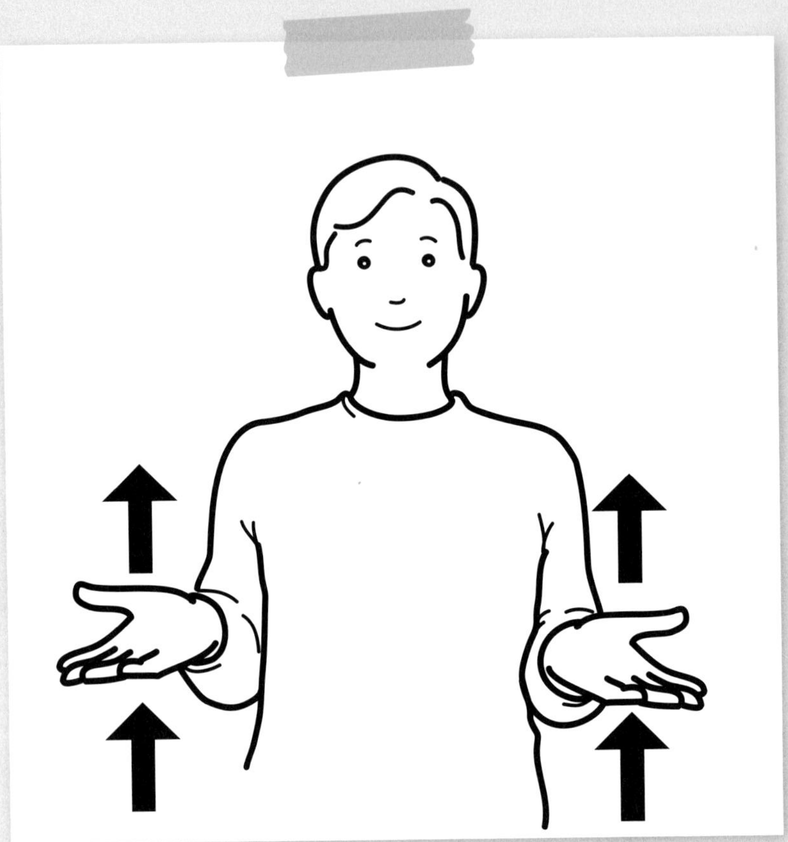

Illustration: Dorothee Wolters

Stopp bitte!

Illustration: Dorothee Wolters